KURZSTRECKENLESER

Texte • Medien

Kathrin Lange

Das graue Volk

Schroedel

Texte • Medien

»Das graue Volk«
von Kathrin Lange

Herausgegeben von Ingrid Hintz

Aufgabenanregungen und Anhang erarbeitet von Dieter Hintz

Nach gültiger Rechtschreibung 2006

ISBN 978-3-507-47049-1

Druck A [1] / Jahr 2007

Alle Drucke der Serie A sind im Unterricht parallel verwendbar.

Redaktion: Stefanie Hein
Herstellung: Christiane Gmelin
Illustrationen (Umschlag und Innenteil): Thies Schwarz
Umschlaggestaltung und Lay-out: JanssenKahlert Design, Hannover
Satz: Bock Mediengestaltung, Hannover
Druck: pva, Landau

INHALT

Bevor du dieses Buch liest ...

Wenn man Sport treiben und laufen will, kann man Langstrecken oder Kurzstrecken laufen. Etwas Ähnliches gibt es auch beim Lesen: Es gibt besonders dicke Bücher zum Langstreckenlesen und es gibt Bücher zum *Kurzstreckenlesen* – zum Beispiel dieses spannende Buch.

Es ist ein Fantasy-Roman und handelt von Ellen, die dem Volk der Dinah angehört, und von Eric, der aus dem verfeindeten Volk der He'ran stammt. Die beiden machen sich auf den Weg, um die geheimnisvolle Stadt in den Bergen zu finden und dort ein neues, friedliebendes Volk zu gründen. Bis sie ihr Ziel erreichen, müssen sie viele gefährliche Abenteuer bestehen ...

Manchmal ist es sinnvoll, beim Lesen auch Nachdenkpausen zu machen. An vielen Stellen dieses Buches findest du Anregungen dazu. Deine Gedanken kannst du direkt im Buch oder auf Zusatzblättern aufschreiben, vielleicht auch in einem Lesetagebuch.

Viel Freude beim Lesen des Buches!

KATHRIN LANGE

Das graue Volk

1

In dieser Nacht wehte ein kräftiger Wind,
und der Himmel war sternenklar.
Ellen legte den Kopf in den Nacken
und betrachtete die vielen hellen Punkte.
Wie ein schimmerndes Band
zogen sie sich über den Himmel.
„Bald wird er aufgehen!",
sagte eine leise Stimme dicht bei ihr.
Vor Schreck fuhr Ellen herum.
„Sina!", keuchte sie.
„Schleich dich doch nicht so an!"
Die alte Frau lachte leise.
Sie wohnte in einer Hütte im Wald
und kam nur selten ins Dorf.
Die Leute hielten sie
für ein bisschen verrückt.
Missmutig betrachtete Ellen Sinas Gesicht;
die vielen Runzeln
um Augen und Mund.
Vor allem aber das *Larijon*.

Ein Larijon war das typische Merkmal aller Menschen, die wie Ellen und Sina zum Volk der Dinah gehörten.

Es saß auf der Stirn, und es sah aus wie ein Schmuckstück. Ein fingernagelgroßer Edelstein, der mitten auf ihre Haut geklebt war. Es war alles andere als das. Mit seiner Hilfe konnten die Dinah die Gedanken ihrer Mitmenschen lesen, wenn sie das wollten. Sina wies in den sternenklaren Himmel.

„Bald wird er aufgehen!“, wiederholte sie.

„Du meinst den Unheilstern?“, fragte Ellen.

Sina ließ den Arm sinken.
Wenn sie sich bewegte,
knackten ihre alten Gelenke.
„So nennen ihn die Leute, ja.
Aber er verkündet kein Unheil!“
Ellen zuckte die Achseln.
Schweigend stand sie neben Sina und sah zu,
wie sich der Unheilstern
langsam über die Baumwipfel schob.
Sein Licht war silbrig wie das des Vollmonds,
aber viel heller.
„Weißt du,
dass er demnächst verschwinden wird?“,
fragte Sina.
„Morgen früh“, antwortete Ellen.
„Wenn er untergeht.“
„Das meinte ich nicht.
Ich meinte, dass er verlischt.“
Ellen runzelte die Stirn.
„Wie das?“, wollte sie wissen.
„Er erscheint nur alle
zweihundert Jahre am Himmel.
Und dann leuchtet er für einige Jahre.
Dreizehn, um genau zu sein.“
Ellen betrachtete das Laub der Bäume,
das im Licht des Sternes flirrte.
Sie war fast dreizehn Jahre alt.

Ellen öffnete den Mund,
um Sina eine Frage zu stellen,
als eine Gestalt aus dem Wald trat.
Mit energischen Schritten marschierte sie
in das Dorf der Dinah
und hielt auf das Gasthaus zu.
Obwohl das Licht des Unheilsterns so hell war,
dass es Schatten warf,
konnte Ellen den Mann nicht erkennen.
Er hatte seine Kapuze tief ins Gesicht gezogen.
Ellen wollte seine Gedanken lesen,
aber Sinas Hand legte sich kalt auf ihren Unterarm.
„Nicht!“, warnte die Alte.
Und Ellen lief ein Schauer über den Rücken.

2

Sina und Ellen folgten
dem Fremden zu dem Gasthaus
in der Mitte des Dorfes.
Genau wie er betraten sie die Schankstube
und sahen gerade noch,
wie sich der Fremde auf einen Stuhl setzte.
Seine Kapuze hatte er nicht abgenommen.
Der zahme Rabe,
den der Wirt in einem Käfig hielt,
stieß ein raues Krächzen aus.
Wie es ihre Gewohnheit war,
las Ellen kurz seinen Geist,
um zu erfahren, ob es ihm gut ging.
Im Gegensatz zu den Gedanken der Menschen,
die sie wie klare Bilder sehen konnte,
ähnelte das,
was ihr Larijon von dem Raben wahrnahm,
eher verschwommenen, dunklen Schatten.
Ellen lächelte, als sie spürte,
dass das Tier sich wohlfühlte.
Sie mochte Raben.
„Holla, Ellen!“, hörte sie jemanden rufen.
Sie drehte sich um.
Ein junger Mann
erhob sich von seinem Platz an der Theke

und kam auf sie zu.
Er war einen ganzen Kopf größer als Ellen.
Seine Mundwinkel verzogen sich
zu einem Grinsen.
Sein Larijon sah aus wie aus reinem Silber.
„Willst wohl deinen Vater
nach Hause holen, was?“, fragte er
und wies auf Ellens Vater,
der mit einigen anderen Männern
an einem Tisch saß und würfelte.
Ellen zuckte die Achseln.
An ihren Vater hatte sie gar nicht gedacht.
Der Name des jungen Mannes war Jerren.
Er war ein Nachbar von Ellens Eltern.
Als sie noch klein gewesen war,
hatte Ellen manchmal mit ihm gespielt.
Sie wies mit dem Kinn auf den Fremden.
„Ich war neugierig!“, gab sie zu.
Sina schob sich an ihnen vorbei
und suchte sich einen Platz zum Hinsetzen.
Bis auf Jerren und den Fremden
waren nur wenige andere Gäste da.
Jerren richtete den Blick auf den Fremden.
„Komischer Kauz, was?“, flüsterte er.
Ellen musste seine Gedanken nicht lesen,
um zu wissen, was er dachte.
Er mochte keine Fremden,

und das war auch kein Wunder. Vor einem Jahr war er aus dem Krieg heimgekehrt. Das Volk der Dinah führte eigentlich andauernd Krieg gegen ein anderes Volk. Gegen die He’ran. Ellen erinnerte sich noch gut an den Tag, als Jerren wieder nach Hause gekommen war. Dünn war er gewesen und blass. Und manchmal hatte Ellen ihn in der Nacht schreien hören – wenn es draußen warm war und alle Leute ihre Fenster offenstehen ließen.

Das typische Merkmal, das alle Angehörigen des Volkes der Dinah tragen, heißt ______________________ .

Der Unheilstern erscheint alle ________ Jahre und scheint dann ________ Jahre.

Die weise alte Frau heißt ______________________ .

Ellen ist fast ________ Jahre alt.

Es gibt Anzeichen, dass sich bald etwas Besonderes ereignen wird. Ein solches Zeichen ist z.B. das Verschwinden des Unheilsterns. Notiere weitere Zeichen.

Zum Nachdenken

Ellen hatte sich lange geweigert,
Jerrens Erinnerungen an diesen Krieg zu lesen,
weil sie Angst davor gehabt hatte.
Und als sie sich endlich getraut hatte,
da war sie entsetzt gewesen
über all das Schreckliche,
das er erlebt hatte.
Seitdem wusste sie Bescheid
über die Schlachten von Irwan Halir
und über das Grauen
in den Tälern der Donnerberge.
„Hast du schon versucht,
seine Gedanken zu lesen?“,
flüsterte sie Jerren zu.
Er verneinte.
Er nutzte das Larijon nur selten,
denn es strengte ihn zu sehr an.
Wie beim Lesen von Büchern
gab es auch beim Gedankenlesen Menschen,
die es besser, und welche,
die es schlechter beherrschten.
Ellen dachte an Sinas Warnung.
Aber sie war zu neugierig.
Sie konzentrierte sich
und ließ ihr Larijon aufleuchten.
Gleichzeitig sah sie,
wie Jerren sich aufrichtete

und auf den Fremden zuging.
Im nächsten Moment glitt ihr Larijon ins
Leere, und sie stöhnte auf.
Sie konnte die Gedanken des Fremden nicht
lesen!
Sinas Blick ruhte auf ihr.
„Jerren!“, wimmerte sie,
aber es war schon zu spät.
Jerren stand bereits
vor dem Tisch des Fremden.
Und Ellen konnte nichts tun,
als zuzusehen, was nun geschah.
Der Fremde blickte hoch.
Es war zu spät, Jerren jetzt noch zu warnen.

3

„Du da!“, sagte Jerren.
Der Fremde nickte langsam.
Die Flammen im Kamin
warfen tiefe Schatten auf seine Züge.
Noch immer hatte er seine
Kapuze nicht abgenommen.
„Ja?“, sagte er.
Seine Stimme war leise. Weich.
An Ellens Armen stellten sich die Haare auf.
„Nimm deine Kapuze ab,

wenn du hier Gastfreundschaft erwartest“,
forderte Jerren.
„Und nenne deinen Namen!“
Langsam hob der Fremde beide Hände
und griff nach der Kapuze.
Kurz zögerte er.
„Mein Name ist Eric“, sagte er.
Dann nahm er die Kapuze ab.
Ellen schnappte nach Luft.
Gleichzeitig ging ein Raunen durch den Raum.
„Ein Jenseitiger!“, hauchte jemand.
Ellen krallte ihre Fingernägel
in das Holz der Schanktheke.
Jetzt wusste sie auch,
warum sie die Gedanken des Fremden
nicht hatte lesen können.
Vor ihnen saß ein He’ran!
Er war nicht besonders alt.
Ungefähr so wie Ellen.
Sein Gesicht wirkte blass und die Nase sehr spitz.
Aber das war es nicht,
was ihn von den anderen abhob.
Es waren seine Haare.
Er hatte lange Haare. Schneeweiße Haare.
Ellen massierte sich die Schläfen.
Was sucht er hier?, dachte sie bestürzt.

Sie musterte den Fremden,
und dabei fiel ihr sein Dolch auf.
Sämtliche Gruselgeschichten,
die sie über das Volk der He’ran kannte,
fielen ihr ein.
Sie ernähren sich von Aas!,
hörte sie die Stimme ihrer Mutter.
Sie töten Tiere, um sie zu essen,
und sie trinken das Blut
ihrer Feinde ...
Sie holen des Nachts kleine Kinder
aus ihren Wiegen
und fressen sie auf ...

Jerrens Stimme überlagerte die Erinnerungen.
„Du bist hier nicht willkommen!“,
hörte Ellen ihn sagen.
Der He’ran sah ihn an.
„Ich tue niemandem etwas!“
Jerren machte einen kleinen Schritt vorwärts.
„Wir glauben dir nicht!“ Ein schmales Lächeln
glitt über das spitze Gesicht.
„Natürlich nicht!“, sagte er spöttisch.
„Weil ihr mich nicht lesen könnt, stimmt es?“
Genau das ist der Grund allen Übels!,
dachte Ellen.
Sie blickte auf die glatte Stirn des He’ran.

Er besaß kein Larijon! Die drei Götter, die Ihla – *die Welt* – geschaffen hatten, hatten sein Volk für irgendein sehr altes Verbrechen gestraft und es ihnen fortgenommen.

Der junge Fremde gehört zu den ______________________.

Er unterscheidet sich äußerlich von den Dinah:

Sein Gesicht ist ______________________________.

Die Nase ist ______________________________.

Seine Haare sind __________ und ______________.

Er trägt einen ______________________________.

Seine Stirn ist ______________________________.

Er besitzt kein ______________________________.

Als die Dinah ihn sehen, rufen sie erschrocken:

____.

Die Bezeichnung der Dinah für „Welt“ heißt

____.

Wer hat nach dem Glauben der Dinah die Welt

geschaffen? ______________________________.

Zum Nachdenken

Seitdem tappten sie wie Blinde durch die Welt.
Sie konnten weder die Gedanken
ihrer Mitmenschen lesen
noch das Raunen der Natur.
Sie hatten vergessen,
dass sie ein Teil dieser Natur waren.
Nur darum konnten sie Tiere essen!
Ellen schüttelte sich vor Ekel bei diesem
Gedanken. Sie sah zu,
wie Jerren sich über den He'ran beugte.
An der Art, wie er die Augen zusammenkniff,
konnte sie erkennen,
dass er vergeblich versuchte,
die Gedanken des Fremden zu lesen.
Der He'ran stand auf
und schlug seinen Umhang zurück.
Ellens Herz begann zu rasen.
Gleich!, schoss es ihr durch den Kopf.
Gleich zieht er seinen Dolch und greift an!
Stattdessen jedoch geschah etwas ganz
anderes.
Jerren holte zum Schlag aus.
Und traf den He'ran mitten im Gesicht.
Sina keuchte auf. Ellen hielt den Atem an.
Was war mit Jerren los?
Sie las seine Gedanken
und prallte erschrocken zurück.

Hass und Bitterkeit schlugen über ihr zusammen. Von der Wahrnehmung allein wurde ihr schlecht.
Jerrens zweiter Schlag traf den He’ran nicht. Er prallte gegen dessen erhobene Hand, und in Jerrens Gesicht breitete sich Verblüffung aus.
Mit aller Kraft versuchte er, sein Handgelenk aus der Umklammerung zu befreien.
Es gelang ihm nicht.
Ruhig blickte der He’ran ihn an. Im nächsten Moment lag Jerren auf dem Rücken.
An seiner Kehle saß der Dolch des He’ran.
„Wenn ich dich töten wollte“, sagte der Fremde ganz ruhig, „dann könnte ich es jetzt tun.“
Mit einer blitzartigen Bewegung steckte er den Dolch wieder fort und trat zurück.
Jerren rappelte sich hastig auf.
„Ein überaus gastfreundliches Haus“, bemerkte der He’ran.
Dann zog er die Kapuze wieder über den Kopf und ging zur Tür.
Im nächsten Moment war er verschwunden.
Die Tür blieb offen stehen, und der Nachtwind füllte den Raum mit eisiger Kälte.

N
Nordberge
Ruinen-
stadt
Der rote
Felsen
Höhle des
Panzerbären
Geröllhalde
Heidekraut-
höhen
Der Wald
Erics
Feuerstelle
Tempel
ruine
Donnerberge
Erics
Dorf
Die
Linde
Der
Holunderbusch
Ellens Dorf
Feste v.
Irwan
Halir
Sinas
Hütte
Schuppen

4

Wie vom Donner gerührt stand Ellen da. Die anderen Gäste begannen über das Geschehene zu tuscheln. Nur Sina saß schweigend auf ihrem Platz. Ellen überlegte. Zögernd tat sie einen Schritt zur Tür. Sina hob den Blick und schaute Ellen an. Ellen war sich nicht ganz sicher, ob Sina ihre Gedanken las. „Geh!“, befahl die Alte. Ellen blinzelte verwirrt, und da deutete Sina zur Tür. „Geh!“, wiederholte sie. Mehr sagte sie nicht.

Was meinst du: Warum kommt der He’ran wohl in das Dorf der Dinah? Hat er gute oder böse Absichten?

Sina schickt Ellen nach draußen. Warum wohl? Und was wird Ellen jetzt tun?
Schreibe eine kurze Fortsetzung.

Zum Nachdenken

Ellen verließ die Gaststube.
Der Wind war stärker geworden.
Mit eisigen Klauen grub er sich
durch Ellens Kleidung
und brannte auf ihrer Haut.
Sie sah sich um.
Der Dorfplatz lag verlassen da.
Ein einsamer Holzeimer
polterte über den festgetretenen Boden.
Die Äste der Bäume peitschten hin und her,
aber sonst bewegte sich nichts.
Bis auf das Tor eines Pferdestalls,
das im Wind hin und herschwang.
Ellen fasste sich ein Herz.
Sie ging über den Dorfplatz zum Stall.
Leise schlüpfte sie hinein.
Warme, nach Heu duftende Stille umfing sie.
Eines der Pferde schnaubte leise
und streckte Ellen seine Nase entgegen.
Ohne es richtig zu beachten,
strich Ellen ihm über die Nüstern.
Dann ging sie tiefer in den Stall hinein.
„Kommst du,
um mich auch von hier zu verjagen?“
Die leise Stimme des He’ran
fuhr Ellen durch Mark und Bein.
„Nein. Natürlich nicht!“

Sie spähte in das Dunkel. Heu- und Strohballen waren an der Rückseite des Stalls aufgeschichtet. Auf einem von ihnen saß der He’ran und tupfte sich das Blut von der Lippe. Vorsichtig trat Ellen näher. Als sie dem Fremden jetzt zum ersten Mal so nahe war, entdeckte sie, dass seine Augen in einem sehr hellen Blau schimmerten. *Fast wie Wasser im Sonnenlicht*, schoss es ihr durch den Kopf. Ein Kribbeln erfasste sie – eine Mischung aus Angst und Abenteuerlust. Noch nie hatte sie einem He’ran gegenübergestanden, und schon gar nicht war sie ihm so nahe gewesen.

„Was willst du dann?“, erkundigte sich der He’ran schroff.

„Ich …“ – Ellen wusste es nicht. Sie dachte an Sina und an die Art, wie die Alte sie hinausgeschickt hatte.

„Ich wollte mich für Jerren entschuldigen“, presste Ellen hervor. Sie klang ein bisschen atemlos, obwohl sie gar nicht gerannt war.

Der He'ran ließ von seiner Lippe ab. „Warum?", fragte er. „Die Leute in meinem Dorf hätten genauso reagiert, wenn einer von euch bei uns aufgetaucht wäre." Ellen überwand die letzten Meter, die sie noch von dem He'ran trennten. Ihre Hände schienen plötzlich nicht mehr zu wissen, wohin sie gehörten. Vor lauter Aufregung war ihr Kopf wie leergefegt. „Wirklich?", fragte sie. Er zuckte die Achseln. „Klar. Immerhin führen unsere Völker seit Generationen Krieg gegeneinander." Wieder wischte er mit dem Knöchel des Zeigefingers über die Unterlippe und betrachtete dann das Blut daran. Ellen fasste einen Strohballen ins Auge, der möglichst weit von dem He'ran entfernt war. Rasch setzte sie sich.

Die beiden Völker der Dinah und He'ran führen seit Generationen Krieg gegeneinander. Die Menschen sind misstrauisch und feindselig.
Lies dazu den Text auf S. 114 und bearbeite die zugehörigen Aufgaben.

Zum Nachdenken

5

„Was willst du in meinem Dorf?“, fragte sie.

Er schien über diese Frage nachdenken zu müssen.

Sofort versuchte sie, seine Gedanken zu lesen. Genau wie schon vorhin in der Gaststube glitt ihr Larijon ins Leere.

Es war ein sehr unangenehmes Gefühl, und noch unangenehmer war, dass es ihre Angst vor dem He’ran zurückkehren ließ.

Sie presste die Hände zu Fäusten zusammen, und als der He’ran jetzt endlich antwortete, kam es ihr vor, als lüge er sie an:

„Ich wollte sehen, ob die Geschichten meiner Leute stimmen.“

„Was für Geschichten?“, fragte Ellen.

Der He’ran wies auf ihren Kopf.

„Dass ihr dunkle Haare habt zum Beispiel.“

Ellen fuhr sich durch die dichten, dunklen Locken.

„Bei uns sind alle so weißhaarig wie ich“, murmelte der He’ran.

Die Anspannung in Ellen wuchs jetzt ins Unerträgliche. „In Wahrheit“, rutschte es ihr heraus, „willst du das Larijon, oder?“

„Larijon?“ Er schaute direkt auf die Stelle zwischen Ellens Augenbrauen.

„Nennt ihr es so?“

„Ja. Du hast keins.“

„Stimmt.“

„Das muss schlimm sein!“

Ellen kam sich bei diesen Worten sehr klug und verständnisvoll vor. Sie wollte Eric beweisen, dass sie ihn für sein schreckliches Schicksal bedauerte. Eric jedoch schien sie falsch verstanden zu haben.

Er öffnete den Mund und schloss ihn wieder. Als er die Lippen zusammenpresste, sah er verletzt aus.

„Ich wüsste nicht, was daran schlimm sein sollte“, murmelte er.

Ellen war verblüfft. Konnte es sein, dass er sie um das Larijon nicht ein bisschen beneidete?

Würdest *du* gern ein Larijon haben?

☐ Ja ☐ Nein

Weil ______________________________

____

Zum Nachdenken

Bestimmt tat er nur so, dachte sie.
Sie zuckte die Achseln.
„Immerhin müsst ihr andauernd
irgendwelche Kriege anfangen,
weil ihr keins habt“, sagte sie.
„Wir müssen …?“
Er klang ehrlich verblüfft.
„Soweit ich weiß, seid es doch immer ihr,
die die Kriege anfangen!“
Diese Verdrehung der Tatsachen
kam Ellen wie blanker Hohn vor.
Sie warf den Kopf in den Nacken und schnaubte.
„Weiß doch jedes Kind …“
Sie verstummte vor lauter Wut
und starrte den He’ran einfach nur an.
Er wartete, bis sie mit dem Starren fertig war.
Er wies auf die Stelle
zwischen Ellens Augenbrauen.
„Komische Vorstellung! Ich meine,
die Gedanken eines anderen zu kennen.“
„Gar nicht komisch!“, protestierte Ellen.
Nicht nur, dass er es nicht zugeben konnte,
wie sehr er sie um das Larijon beneidete,
jetzt fing er auch noch an,
es schlechtzumachen!
Ellen spürte, wie sich die Wut in ihr
in kalte Verachtung wandelte.

„Ganz im Gegenteil!“, schnappte sie.
Sie sah zu, wie er gegen seine
dicken, weißen Haare blies.
Vielleicht war es besser,
ihn nicht zu sehr zu reizen.
Immerhin war da noch dieser
Dolch an seinem Gürtel!
„Ellen?“
Wie auf ein Stichwort hin
hallte der Ruf ihres Vaters über den Dorfplatz.
„Ellen? Kind, wo steckst du denn?
Es ist spät, wir müssen nach Hause!“
Ellen stand auf.
Kurz überlegte sie.
Sie war erfüllt von einer seltsamen Mischung
aus Neugier, Mitleid und Angst.
Rasch fasste sie einen Entschluss.
„Hier werden sie dich bald finden“, sagte sie.
„Aber auf der Wiese hinter dem Stall
steht ein alter Schuppen.
Rechts in der Ecke
sind ein paar Bodenbretter locker.
Ich habe mich als kleines Kind dort oft
verborgen. Von meinen Leuten
weiß niemand von dem Versteck.
Ich heiße Ellen.“
„Ich danke dir“, gab der He’ran zurück.

„Ellen?“
Die Stalltür wurde aufgestoßen,
und der Schein einer Laterne fiel herein.
„Bist du hier?“
„Ich komme!“
Hastig trat sie ins Licht der Laterne.
Sie warf dem He’ran einen letzten Blick zu.
Dann ging sie zu ihrem Vater.
„Hier steckst du!“, rief der.
„Komm, wir müssen uns beeilen.
Mutter wartet zu Hause auf uns,
aber vorher will Sina noch etwas von dir.“

6

„Du wolltest mich sprechen?“,
fragte Ellen die alte Frau,
als sie wieder im Gasthaus war.
Sina stellte ihren Becher ab und nickte.
Ellen sah sich um.
Ihr Vater war zu seinen Freunden
an den Tisch zurückgekehrt
und redete mit ihnen.
Ellen setzte sich neben Sina und beugte
sich vor. „Warum hast mich zu dem He’ran
rausgeschickt?“, wisperte sie.
Sina sog die Lippen ein.

„Deine Eltern haben dir nie etwas
über deine Geburt erzählt, oder?“
Ellen blinzelte verwundert.
Was war das für eine seltsame Antwort
auf ihre Frage?
„Nein“, sagte sie. „Warum auch?“
„Weil du in jener Nacht geboren wurdest,
als der Unheilstern am Himmel erschien.“
Ellen erschrak.
„Und was bedeutet das?“, murmelte sie.
Darüber schwieg sich Sina aus.
Ellen war versucht, ihre Gedanken zu lesen,
aber sie tat es nicht.
Sie wusste, dass die alte Frau
die Kunst meisterhaft beherrschte,
ihre Gedanken zu verschleiern.
Wenn sie nicht wollte, dass jemand erfuhr,
was sie dachte,
dann dachte sie einfach gar nicht.
Alles, was dann noch von ihrem Geist
wahrzunehmen war,
waren vage Schatten wie bei einem Tier.
Ellen beherrschte die Kunst der
Gedankenverschleierung nicht besonders gut,
und sie beneidete die alte Frau darum.
„Wenn die Zeit reif ist“, sagte Sina,
„dann wirst du es schon noch erfahren.“

Sie stand auf und streckte ihren Rücken. Wieder hörte Ellen ihre Gelenke knacken. *Wie alt ist sie eigentlich?*, dachte sie. Einmal hatte sie die Frauen des Dorfes tuscheln hören. Keine von ihnen konnte sich daran erinnern, dass Sina jemals jung gewesen war. Irgendwie war sie schon immer alt gewesen.

Nachdem die alte Frau die Gaststube verlassen hatte, saß Ellen nachdenklich da. Ihr Vater war zu seinem Würfelspiel zurückgekehrt und schien vergessen zu haben, dass sie eigentlich heimwollten.

Ellen ist in der Nacht geboren, in der der Unheilstern erschienen ist. Aber Sina sagt, dass es eigentlich gar kein Unheilstern ist, obwohl alle ihn so nennen. Jetzt ist Ellen fast 13 Jahre alt. Und nach 13 Jahren verlischt der Stern. Und ausgerechnet jetzt kommt der He'ran ins Dorf. Sina will noch nicht verraten, was das alles bedeuten soll. Aber wenn du deine Fantasie anstrengst, hast du vielleicht eine Idee. Schreibe sie auf.

Zum Nachdenken

Plötzlich wurde Ellen von solcher Neugier
gepackt, dass sie nicht lange überlegte.
Sie stand ebenfalls auf und folgte Sina.
Der Wind hatte sich gelegt,
dafür aber waren Wolken aufgezogen
und hüllten den Unheilstern
in einen dunstigen Schleier.
Der Mond stand über dem Dach der
Dorfschmiede.
Vater würde sich bald wieder an sie erinnern,
also beeilte sie sich besser.
Sie sah sich um und entdeckte Sinas
gebeugte Gestalt zwischen zwei Häusern.
Rasch lief Ellen ihr nach.
Sie hatte die Alte schon fast erreicht,
als sie verwundert innehielt.
Sina redete mit jemandem!
Ellen kniff die Augen zusammen,
aber sie konnte beim besten Willen
niemanden erkennen.
Trotzdem sagte Sina gerade:
„Ich weiß, Ulvar, ich weiß das alles!
Auch Hagal und ich sind uns nicht sicher,
ob wir auf diese Weise
den alten Fluch besiegen können.“
Ellen strengte ihre Ohren an,
aber sie konnte die Erwiderung nicht hören.

Dann erklang erneut Sinas Stimme:
„Du hast ja recht. Es besteht die Möglichkeit,
dass es nicht funktioniert.
Aber du hast schließlich den ersten Schritt
gemacht, als du Eric hierhergeschickt hast.
Und was haben wir schon zu verlieren?“
Wieder entstand eine kurze Stille.
„Ich weiß, du magst Eric genauso,
wie ich Ellen mag!
Sie ist ein kluges Kind,
und genauso wie dir gefällt mir nicht,
dass wir auf einen Zufall warten sollen,
um ihr Leben zu retten.
Du weißt, dass sie zum Tode verurteilt sind,
Ulvar, wenn sie nicht ...“
Sie unterbrach sich und sprach dann weiter:
„Wir müssen es einfach versuchen, Ulvar.
Wenn wir wieder zweihun...“
Ein Nachtvogel schrie,
und Sina fuhr ertappt zusammen.
Ellen duckte sich hinter einen Busch.
Verzweifelt versuchte sie,
an gar nichts zu denken,
um nicht entdeckt zu werden.
Es gelang ihr nicht.
Immer wieder stellte sie sich nur die eine
Frage: Was hatte das alles zu bedeuten?

7

Außer der alten Sina gab es nur einen, der die Frage vielleicht beantworten konnte. Ellen lief zu dem Schuppen auf der Wiese. Er ragte gegen den helleren Himmel empor wie ein Scherenschnitt. Ellens Herz klopfte heftig, aber sie zögerte nicht lange. Mit einem entschlossenen Griff langte sie nach der Tür, schob sie auf und schlüpfte ins Innere des Schuppens. „Eric?", flüsterte sie. „Bist du da?" „Hier!" Seine Stimme kam direkt aus dem Boden zu Ellens Füßen.

Ulvar, der geheimnisvolle Mann, hat Eric geschickt, um einen alten Fluch zu besiegen. Was für ein Fluch könnte das sein?
(Tipp: Denke an die verfeindeten Völker.)

____

Vervollständige, was Sina wohl sagen wollte:

*„Wenn wir wieder zweihun*______________________________

____

Zum Nachdenken

Es klang so unheimlich, dass Ellen die Kehle eng wurde. Mit einem leisen Quietschen schoben sich die Bodenbretter zur Seite. Dann kletterte der He’ran aus dem Loch und stand vor ihr. Durch einen Spalt im Schuppendach leuchtete ein einzelner Lichtstrahl und ließ Erics Haare wie Eis schimmern. Mit einem Mal wusste Ellen nicht mehr, was sie sagen sollte. „Ich …“, stammelte sie. Ein dumpfes Poltern brachte sie zum Verstummen. Die Schuppentür wurde aufgerissen. Jemand leuchtete mit einer Laterne ins Innere. Geblendet schloss Ellen die Augen. „Wusste ich es doch!“, ertönte Jerrens Stimme. Dann hörte Ellen ihn schreien: „Hierher Leute! Ich habe den Mistkerl!“

Danach ging alles sehr schnell. Bevor Ellen wusste, was geschah, war der Schuppen voller Männer. Erics Hand fuhr zum Dolch und zog ihn. Aber er hatte gegen die Menge keine Chance. Die scharfen Zinken einer Mistgabel

legten sich auf seine Brust und zwangen ihn,
den Dolch sinken zu lassen.
Mit solcher Kraft presste er die Kiefer
zusammen, dass die Muskeln an seinem Hals
hervortraten.
Ohne darüber nachzudenken,
las Ellen Jerrens Gedanken.
Erschrocken prallte sie zurück.
Sie spürte seinen Hass,
die gesamte Bitterkeit der langen Kriegsjahre.
Aber sie spürte auch noch etwas anderes.
Jerren hatte Angst vor Eric.
Es war eine tiefsitzende, schreckliche Angst,
für die er keinen Grund zu wissen schien.
Ellen blinzelte und versuchte,
tiefer in Jerrens Gedanken einzudringen,
um diesen Grund zu erfahren.
Aber alles, was sie sah,
war ein undurchdringlicher Nebel.
Als habe Jerrens Gedächtnis
etwas besonders Schreckliches vergessen.
Jerren gab sich einen Ruck,
ging zu Eric und hielt seine Hand auf.
Eric ließ den Dolch hineinfallen.
Jerren packte den He'ran an der Schulter
und wollte ihn an Ellen vorbei ins Freie zerren.
Eric jedoch entzog ihm seinen Arm.

Sein Blick richtete sich auf Ellen.
„Schade“, sagte er nur.
Scham überrollte sie wie eine Woge.
Sie wollte etwas sagen, schwieg aber.
Sie würde tausend Worte brauchen,
um ihm zu erklären,
dass sie die anderen
nicht zu ihm geführt hatte.
Wenn er doch nur ein Larijon hätte!,
schoss es ihr durch den Kopf,
und sie spürte, wie sie wütend wurde.
Nicht auf Eric,
sondern auf diese furchtbare Situation.
Tränen zerrten an ihren Wimpern.
Jerren gab Eric einen harten Stoß.
Mit zusammengebissenen Zähnen
trat Eric an Ellen vorbei und hinaus ins Freie.

Sie brachten ihn zum Dorfplatz,
wo die Sturmglocke bereits
alle Bewohner versammelt hatte.
Halb blind vor Tränen,
deren Grund sie selbst nicht recht verstand,
rannte Ellen hinter ihnen her.
Sie erreichte die Versammlung
genau in dem Moment,
als Igan sich erhob.

Igan war der Älteste.
Der weiseste Mann im Dorf.
Jetzt, da sie ihn so dastehen sah,
fiel Ellen auf,
dass er im Vergleich
zu Sina dennoch jung wirkte.
Mit einem unsanften Stoß
trieb Jerren Eric zu dem Alten hin.
„Behandle ihn nicht so grob!“,
rutschte es Ellen heraus.
Daraufhin richteten sich alle Blicke auf sie,
und sie hörte leises Getuschel:
„Wurde sie nicht in der Nacht geboren,
als der Unheilstern erschien?“
„Was hat sie mit einem Jenseitigen zu
schaffen?“
Ellen zog den Kopf ein.
In der Menge entdeckte sie
ihren Vater und ihre Mutter.
Beide sahen gebeugt aus,
als hätten die Sorgen um ihre Tochter
sie schrumpfen lassen.
Eric jedoch stand aufrecht. Schweigend.
Igan betrachtete seinen Dolch,
den Jerren ihm gegeben hatte.
Danach richtete er den Blick auf Eric.
„Tatsächlich ein Jenseitiger“, murmelte er.

„Was suchst du bei uns, Kind?“
Seine Anrede machte Ellen klar, wie jung Eric noch war.
Auf einmal kam er ihr verletzlich vor, trotz der Ruhe, die er ausstrahlte.
Schmerz und Scham wühlten in ihrem Magen.
„Wissen“, hörte sie Eric auf Igans Frage antworten.
„Wissen? Über uns?“, hakte der Alte nach.
Eric nickte.
„Warum willst du Wissen über uns sammeln?
Was hat dein Volk vor?
Wollen sie uns überfallen?“
„Nein.“ Eric schüttelte den Kopf.
„Warum sollten sie?“
Das Getuschel der Menge wurde lauter, aber Igan räusperte sich.
Sofort verstummten die Leute.
„Wir werden uns beraten“, sagte er.
„Bis wir eine Entscheidung getroffen haben, wirst du hier auf dem Marktplatz bleiben.“
Er wies auf eine alte Linde, die ihr mächtiges Blätterdach über den Dorfplatz wölbte.
Auf einen Wink von ihm verschwand Jerren und kehrte kurz darauf mit einem Strick wieder. Eric holte tief Luft.

Freiwillig folgte er Jerren zu der Linde,
stellte sich an ihren Stamm
und ließ sich daran festbinden.
Igan rammte den Dolch
über seinem Kopf in das Holz,
wo er zitternd steckenblieb.
Als Jerren den Strick um Erics Hals legte
und ihn mit einem harten Ruck festzog,
stöhnte der He'ran schmerzvoll auf.
Sina war am Rand des Platzes aufgetaucht.
Ellen sah, wie sie die Augen schloss.
Sie fühlte, wie ihr vor lauter Trauer
und Zorn schlecht wurde.

Der Älteste der Dinah heißt ______________________.

Sina sieht traurig zu, was auf dem Dorfplatz geschieht, und auch Ellen spürt Trauer und Zorn. Warum sind die beiden wohl traurig und zornig?

____

____

____

Was könnten Ellen und Sina jetzt tun?
Schreibe eine kurze Fortsetzung.

Zum Nachdenken

8

Später in dieser Nacht lag Ellen in ihrem Bett
und musste immerzu an Eric denken.
Sie lauschte auf die Geräusche im Haus,
und als sie sicher war,
dass ihre Eltern schliefen,
schlich sie sich fort.
Auf leisen Sohlen lief sie zum Dorfplatz.
Da sich dicke Wolken vor den Unheilstern
geschoben hatten,
war Eric in der herrschenden Finsternis
nur als Schatten auszumachen.
Behutsam näherte Ellen sich ihm.
„Nicht erschrecken“, flüsterte sie. „Ich bin es.“
„Ich weiß“, gab er ebenso leise zurück.
Woher?, wollte Ellen fragen,
ließ es aber bleiben.
„Ich wollte dir nur sagen,
dass es mit leid tut“, sagte sie stattdessen.
„Ich hatte mit deiner Gefangennahme
nichts zu tun.“
„Ich weiß“, wiederholte Eric noch einmal.
Da fasste sich Ellen ein Herz
und trat so nahe heran,
dass sie ihn trotz der Dunkelheit
erkennen konnte.

Ein Lächeln glitt über Erics Gesicht.
„Danke, dass du gekommen bist“, sagte er.
„Ich ...“ – Ellen stockte.
„Ich weiß nicht, ob ich dich befreien soll“,
gab sie zu.
„Mach dir keine Sorgen.
Ich brauche deine Hilfe nicht.“
Und zu ihrem Erstaunen
machte er einen Schritt vorwärts!
Ellen riss die Augen auf.
In seiner Hand blitzte es kurz auf:
Irgendwie hatte er seinen Dolch
aus dem Stamm gezogen
und sich selbst befreit!
Mit einem Anflug von Panik wich Ellen zurück
und hob abwehrend die Hände.
Eric steckte den Dolch weg.
„Keine Angst:
Ich habe nicht vor, dich zu töten.“
„Sondern?“, fragte sie.
„Verschwinden, was denkst du?
Ich bin hier ja offenbar nicht willkommen.
Und du?“
„Was, und ich?“
Eric lächelte.
Der Unheilstern schien durch eine Lücke
in der Wolkendecke.

In seinem Licht glänzten Erics Augen
wie flüssiges Silber.
„Du hast keine Ahnung, was?“, wollte er
wissen.
Ahnung wovon?, dachte Ellen.
Ohne auch nur einen Moment darüber
nachzudenken, antwortete sie ihm:
„Ich komme mit dir.“

9

Sie bereute diese Entscheidung sofort.
Sie hatten das Dorf kaum verlassen,
als die Wolken sich wieder zuzogen.
Unter dem dichten Blätterdach des Waldes
wurde es so finster,
dass Ellens Herz zu rasen begann.
Bilder drängten sich in ihren Kopf.
Bilder von Menschen, die mit grausigen
Wunden und leeren Augen im Dreck lagen.
Bilder von Toten und Sterbenden.
Ellen hörte Schreie und leises Flehen,
das geisterhaft über die Schlachtfelder
schwebte.
Es waren Jerrens Erinnerungen an den Krieg.
Und über jeder Erinnerung
lag immer dieser schreckliche Nebel.

Das Unbehagen.
„Wenn du solche Angst vor mir hast“,
fragte Eric so plötzlich, dass sie zusammenzuckte, „warum kommst du dann mit mir?“
Ellen schwieg,
obwohl sie die Antwort kannte.
Eric hatte sie neugierig gemacht.
Was wusste er, das sie nicht wusste?
„Du kannst mich nicht lesen, oder?“,
fragte Eric weiter. „Es heißt, ihr könnt einen He’ran nicht lesen.“
Wieder schwieg Ellen.
Eric gab nur einen brummenden Laut von sich und ging weiter.
Verwirrt stolperte Ellen hinter ihm her.

Warum verlässt Ellen ihr Dorf und ihr Volk, um mit Eric zu gehen?

Denke dir ein Abenteuer aus, das die beiden erleben könnten, und schreibe deine Idee auf.
Welche Ideen haben deine Mitschüler?
Sprecht darüber in der Klasse.

Ellen sieht schreckliche Bilder vom Krieg und seinen Folgen. Lies dazu den Text auf S. 120.

Zum Nachdenken

Sie gingen, bis es hell wurde. Unter einem Holunderbusch fanden sie Unterschlupf. Eric löste den Lederbeutel von seinem Gürtel und schüttelte dessen Inhalt heraus. „Nur noch ein Stück Brot. Nicht besonders viel, fürchte ich.“ Er bot die Brotkante Ellen an, aber sie schüttelte den Kopf. „Auch gut“, meinte Eric. „Dann eben nicht.“ Er biss in die trockene Rinde, dass es krachte. Eine Weile sah Ellen ihm beim Essen zu, bis er die Hälfte des Brotes wieder in dem Beutel verstaute. Ihr war nicht ganz klar, warum er das tat. Von den paar Bissen konnte er unmöglich satt geworden sein. „Wer ist Ulvar?“, presste sie hervor. Seine Augen weiteten sich. „Woher kennst du diesen Namen?“ Sie tat gleichgültig. „Ich kenne ihn eben!“ Eric dachte nach und sah dabei so verwirrt aus, dass sie ihm ihr Geheimnis verriet: „Ich habe Sina belauscht.

Offenbar hat sie sich mit ihm unterhalten, aber ich weiß nicht …“ Er unterbrach sie, indem er die Hand hob. „Ulvar ist ein Einsiedler, der in der Nähe meines Volkes wohnt“, erklärte er. „So wie Sina bei uns?“ „So ähnlich, ja. Er hat mich zu euch geschickt.“ Das stimmte mit dem überein, was Ellen aus Sinas seltsamem Gespräch entnommen hatte. Wenigstens etwas. Wieder einmal wurde Ellen bewusst, wie schwierig es war, mit jemandem zu reden, dessen Gedanken sie nicht lesen konnte. „Ich …“, setzte sie an, verstummte jedoch, weil Eric ein warnendes Zischen ausstieß. Jemand näherte sich. „Ellen?“, ertönte eine Stimme. Es war Sina. „Wir sind hier, Sina“, sagte Eric. Die alte Frau steckte den Kopf in ihr Versteck. „Es gibt einiges zu klären“, sagte sie. „Kommt mit.“

10

Sie schlug sich ins Unterholz
und führte Ellen und Eric durch ein
Dornengebüsch.
Ellens Hände und Arme wurden zerkratzt.
Einmal verfing sich ihr Fuß in einer
hochstehenden Wurzel und sie stolperte.
Eric griff nach ihr,
weil er sie stützen wollte,
aber sie blitzte ihn nur böse an.
Schließlich erreichten sie eine Lichtung.
Ellen sah sich um.
Rings herum standen die Bäume so dicht
dass es aussah, als sei die Lichtung
von uralten Säulen umgeben.
Vor ihnen befand sich eine Ruine.
Alte Mauern ragten
wie abgebrochene Zähne aus dem Boden.
Die meisten von ihnen
waren mit Moos überwachsen.
Ein steinerner Bogen hatte der Zerstörung
getrotzt und stand inmitten all der Trümmer
aufrecht und stolz da.
Sina steuerte auf ihn zu,
ging jedoch nicht hindurch,
sondern bog kurz davor nach rechts ab.

Hier befand sich ein kleines halb verfallenes Gebäude. Fünf mächtige Säulen stützten ein Vordach, auf dessen Giebel fremdartige Zeichen eingraviert waren.

„Was ist das?“

Ellen versuchte, die Zeichen zu entziffern. Es gelang ihr nicht. Fragend schaute sie Eric an, aber er zuckte nur die Achseln.

„Kommt.“

Sina trat zwischen die Säulen. Im nächsten Moment war sie im Inneren des Tempels verschwunden. Ellen und Eric folgten ihr. Drinnen war es kühl und feucht, und es roch nach Erde und Pilzen. Ein kleines Tier huschte Ellen leise quiekend durch die Beine.

„Das hier wollte ich euch zeigen!“

Sina wies auf eine steinerne Tafel. Dicht an dicht war sie mit denselben Zeichen beschrieben wie der Giebel draußen.

„Ich wusste gar nicht, dass es hier im Wald Ruinen gibt“, murmelte Ellen.

Bisher hatte sie geglaubt,
dass sie sich hier gut auskannte.
Offenbar hatte sie sich getäuscht.
„Sie sind nicht für jedes Auge zu erkennen“,
gab die alte Frau zur Antwort.
Ellen war nicht klar, was sie damit meinte.
„Die Götter entscheiden,
wem sie diesen Tempel zeigen“, erklärte Sina.
„Er taucht nur alle zweihundert Jahre
für wenige Stunden auf. Und zwar kurz bevor
der Unheilstern wieder verlischt.“
Eric war an ihr vorbei zu der Steintafel
gegangen.
Vorsichtig strich er über die Schriftzeichen.
„Was bedeutet das?“, fragte er.
„Es bedeutet, dass Ulvar gut daran tat,
dich hierherzuschicken“, sagte Sina.
Ellen wies auf ein Symbol am oberen Rand der
Tafel. Es war ein Stern.
Falsch! Ellen sah genauer hin.
Das Symbol war so geschickt gemacht,
dass man es erst auf den zweiten Blick
erkannte: Es waren zwei Sterne.
Sie standen so dicht beieinander,
dass sie wie einer wirkten,
und ein schmales Band verband sie
miteinander.

Bei diesem Bild hat sich ein Fehler eingeschlichen.
Welcher?

Zum Nachdenken

„Ist das der Unheilstern?“, fragte sie.
Sina nickte.
„Die Götter schufen ihn.
Kennst du die Geschichte, Ellen?“
Ellen nickte.
In ihrem Dorf wurde diese Geschichte
jedem Kind erzählt.
„Vor vielen Generationen“, sagte sie,
„straften die drei Götter die He’ran
für ihre Bösartigkeit,
indem sie ihnen ihr Larijon wegnahmen.
Seitdem steht in regelmäßigen Abständen
der Unheilstern am Himmel,
um die He’ran daran zu erinnern,
was sie getan haben.“
Eric lachte auf.
„Was für ein Unsinn!
Es weiß doch jeder, dass es die Dinah waren,
die die Götter bestraften.
Sie nahmen ihnen …“
Sina fuhr dazwischen:
„Wie auch immer! Wir sind uns einig,
dass der Stern an den Himmel gesetzt wurde,
um an vergangenes Unrecht zu erinnern.
Was viele aber nicht wissen: Die Götter wollten
nicht, dass ihre Strafe ewig dauert. Darum
boten sie den Menschen einen Ausweg.“

Sina fuhr mit dem Zeigefinger
die Schriftzeichen auf der Steintafel entlang.

„Wenn der Stern am Himmel scheint,
in jedem Volk wird ein Kind geboren,
damit, was zerbrochen, wieder vereint
und zurückkehren die Gharem,
die einst verloren …“

Sie verstummte und fuhr dann fort:
„Du bist eines dieser Kinder, Eric.
Das ist der Grund,
warum Ulvar dich hierhergeschickt hat.“
Ellen schwirrte der Kopf.
Eric lächelte sie an,
und plötzlich sah seine Miene unsicher aus.
„Und ich bin das zweite“, sagte Ellen zu Sina.
„Du hast das gewusst!
Darum hast du mich aus dem Gasthaus
und zu Eric geschickt.“
Sinas Gesicht blieb undurchdringlich.
Ellen dachte an das belauschte Gespräch
zwischen der Alten und diesem Ulvar.
Was hatte Sina damals gesagt?
Du weißt, dass sie zum Tode verurteilt sind,
wenn sie nicht …
Ja, was?

Eine Weile schwiegen sie alle drei.
„Was sollen wir tun?“, fragte Eric schließlich.
Sina hob die Schultern.
„Die *Gharem*“, sann sie, „das graue Volk.
Ihr müsst es retten!“
„Und wie?“, erkundigte sich Ellen.
„Wir wissen es nicht.“
„Wir?“ Ellen dachte an Ulvar,
der nicht zu sehen gewesen war.
„Was hat das alles zu bedeuten, Sina?“,
forschte sie. „Wie kannst du ...“
Wieder unterbrach die Alte.
„Hoch in den Bergen im Norden,
dort wo der rote Felsen sich in den Himmel
reckt, befindet sich eine verlassene Stadt.
Dorthin müsst ihr gehen.“

Ellen und Eric sind die auserwählten Kinder, die Gharem, das graue Volk, retten können. Ob es ihnen gelingt, hängt von einer bestimmten Bedingung ab. Vielleicht kannst du sie erraten. Vervollständige den Satz:

Du weißt, dass sie zum Tode verurteilt sind, wenn sie nicht ____________________

____

Zum Nachdenken

Sina trat an die Tür
und blickte sorgenvoll in den Himmel.
Ellen konnte den Unheilstern
in ihren Augen schimmern sehen.
„Die Zeit verrinnt“, murmelte sie.
„Ihr müsst euch beeilen!“
„Beeilen womit?“, rief Eric.
„Die Stadt in den Bergen“, flüsterte Sina.
„Mehr kann ich euch nicht sagen.
Ihr müsst dort sein,
bevor der Unheilstern erlischt.“

11

Keine halbe Stunde später
fand Ellen sich zusammen mit Eric
auf dem Weg Richtung Norden.
„Das ist doch Wahnsinn!“,
maulte sie vor sich hin.
„Wir hätten wenigstens
ein paar Vorräte mitnehmen sollen!
Wer weiß, wie weit es
bis zu dieser geheimnisvollen Stadt ist!“
Eric hörte sich ihr Schimpfen und Fluchen
eine Weile lang an
und warf dabei einen kleinen Stein,
den er vom Boden aufgehoben hatte,

wieder und wieder in die Luft.
Schließlich unterbrach er Ellen:
„Sie haben sicher ihre Gründe, Ellen!“
„Gründe!“, schnaubte Ellen und blieb stehen.
Sie fühlte sich mutlos angesichts der langen
Reise, die ihnen bevorstand.
Mutlos und wütend.
Zornig funkelte sie Eric an.
„Du weißt doch mehr, als du sagst, stimmt es?“
Er presste die Lippen zusammen.
Ellen war klar, dass sie kein Wort
aus ihm herausbringen würde.
Um sich nicht noch mehr zu ärgern,
dachte sie an die Worte,
die die alte Sina ihnen vorgelesen hatte.
Eine uralte Prophezeiung sprach von ihr!
Sie war etwas Besonderes.
Das wiederum erfüllte sie mit Stolz.
Alle diese Empfindungen,
die Mutlosigkeit, der Ärger und auch der Stolz
vermischten sich zu einem Durcheinander,
das sie schwindelig machte.

Was ist eine „Prophezeiung“?
Informiere dich beim Lehrer, bei Mitschülern, im Internet oder im Lexikon und erkläre den Begriff.

Zum Nachdenken

Sie richtete den Blick auf den Horizont,
wo jedoch die fernen Berge
noch lange nicht zu sehen waren.
„Wenn ich bloß wüsste, was uns erwartet“,
seufzte sie.
„Das werden wir erfahren.“
Eric warf den Stein in die Luft
und fing ihn in der hohlen Hand auf.

Sie wanderten den ganzen Tag.
Gegen Abend war Ellen so müde,
dass sie sich fühlte, als würde eine große Hand
sie zusammenquetschen.
„Hör endlich auf mit diesem blöden Stein
herumzuspielen!“, fauchte sie Eric an.
Er fing den Stein auf und ließ die Hand sinken.
Kurz verengten sich seine Augen,
dann warf er ihn mit Wucht ins Unterholz.
Das Geschoss rauschte durch das Laub,
dann gab es einen dumpfen Schlag.
Eric grinste Ellen an und verschwand
für einen Augenblick in dem Gebüsch,
in dem eben der Stein verschwunden war.
Als er wieder auftauchte,
hielt er in den Händen ein totes Kaninchen.
Ellen stöhnte. „Was soll das denn?“
Sie sah zu, wie Eric sich hinhockte,

seinen Dolch zog und begann, das Kaninchen aufzuschneiden. Angeekelt schloss sie die Augen. „Was machst du da?“ Ihre Stimme klang schrill. „Ich bereite mir mein Abendessen zu“, erklärte er. Er vergrub die glitschigen Eingeweide des toten Tieres, nahm einen Stock und schob das Kaninchen darauf. Dann machte er sich daran, ein Feuer zu entzünden. Es dauerte lange, bis das Fleisch fertig war, und die ganze Zeit über kämpfte Ellen gegen die Übelkeit an, die ihr wie ein Kloß in der Kehle saß. „Schau nicht so!“, verlangte er. „Wild zu jagen und zu essen ist doch ganz normal!“ „Normal?“ Ellen hörte, wie ihre Stimme kippte. „Bei uns ist das nicht normal!“ Als habe der ekelige Vorgang all ihre Sinne geschärft, nahm sie das leise Raunen in der umgebenden Natur verstärkt wahr. Sie musste sich zwingen,

nicht mit ihrem Larijon
nach anderen Kaninchen
zu suchen.
Kaninchen, die vielleicht jetzt gerade
auf die Rückkehr jenes einen warteten.
Eric zupfte ein Stück Fleisch
von dem toten Tier ab
und steckte es in den Mund.
Ellen hatte plötzlich
einen sauren Geschmack in der Kehle.
Sie sprang auf und eilte davon.
Zwischen zwei Büschen übergab sie sich.
Als sie zögernd zum Feuer zurückkehrte,
war das Kaninchen fort.
„Entschuldige“, murmelte Eric.
„Ich hatte keine Ahnung,
dass du es so ekelig findest.“

Ellen ekelt sich vor dem toten Kaninchen, denn bei den Dinah ist es nicht normal, Wild zu jagen und zu essen. Welches Wild kennst du – außer wilden Kaninchen?

____

Wie nennt man Menschen, die kein Fleisch essen?

____

Zum Nachdenken

Ellen war ihm dankbar für seine Rücksicht-
nahme, aber sie konnte nicht anders:
Sie betrachtete Eric
auf einmal wieder mit misstrauischen Augen.

In dieser Nacht hatte sie einen Traum.
Sina stand vor ihr, ihr graues Haar
beleuchtet vom rötlichen Schein
des verlöschenden Feuers.
„Hilf mir!“, bat Ellen sie.
„Ich verstehe das alles nicht!“
„Du wirst es bald verstehen“,
bekam sie zur Antwort.
„Was du wissen musst,
habe ich dir im Tempel gesagt.
Es ist deine Aufgabe,
das graue Volk zu retten.“
Ellen hob Sina beide Hände entgegen.
„Aber Eric“, murmelte sie.
„Was ist mit ihm?“
„Auch er hat eine Rolle in diesem Spiel.
Sag sie mir!“
„Das kann ich nicht.“
„Ich fürchte mich vor ihm!“, rief Ellen.
Sie sah, wie Sina zu verblassen begann.
„Nicht fortgehen!“, flehte sie.
„Rette das graue Volk“, flüsterte Sina.

Ihre Stimme war bereits kaum noch zu hören.

„Was ist das graue Volk?“

Ellen schossen Tränen der Verzweiflung in die Augen.

Sina berührte ihr Larijon, und es flammte grell auf.

In diesem Augenblick erwachte Ellen.

Dicht neben ihr bewegte sich etwas!

Mit einem panischen Schrei fuhr sie in die Höhe und spürte gleich darauf, wie sich eine Hand auf ihren Mund legte.

Nein!, kreischte es in ihrem Kopf.

Du hattest doch recht! Jetzt tötet er dich …

Sämtliche Erinnerungen von Jerrens Schlachtfeldern blitzten in ihrem Geist auf, und auch die nebelige Panik.

„Pst!“, hörte sie Erics Stimme ganz dicht bei ihrem Ohr.

„Leise! Da ist was im Unterholz!“

Er beugte sich über sie und wies in die Dunkelheit.

Ellen roch den Geruch seines Atems.

„Was meinst du?“, krächzte sie.

„Irgendwas Großes“, flüsterte er.

Im Licht des Unheilsterns konnte Ellen jetzt sehen, dass er seinen Dolch in der Hand hielt.

Die blutigen Eingeweide des Kaninchens
fielen ihr ein,
verblassten jedoch sofort, als in den Büschen
ein lautes Schnaufen und Schmatzen ertönte.
Die Blätter raschelten,
etwas grunzte,
dann war es plötzlich wieder still.
Nach schier unendlich langer Zeit
richtete Eric sich schließlich auf.
Er warf einen Blick in das Unterholz,
dann auf seinen Dolch.
Am Ende steckte er ihn fort.
„Es ist weg“, sagte er.
„Keine Gefahr mehr.“
Ellen konnte nicht anders:
Sie musste lachen.
Es klang schrill und ängstlich.

12

Als sie am nächsten Morgen weitergingen,
hielt Ellen großen Abstand von Eric.
Er bemerkte es, blieb stehen und wartete,
bis sie zu ihm aufgeschlossen hatte.
„Was hast du?“
Ellens Blick streifte den Dolch an Erics Gürtel.
Er holte tief Luft.

„Du hast Angst vor mir, stimmt es?“
Sie versuchte, gleichmütig auszusehen,
aber sie wusste,
dass es ihr nicht gelang.
„Geh einfach weiter!“, knurrte sie Eric an.

Ungefähr eine Stunde später
blieb Eric erneut stehen.
Diesmal drehte er sich zu Ellen um.
„Was ist es, was du an mir
so unheimlich findest?“ fragte er.
„Das Messer?“
Er zog es aus dem Gürtel und hielt es ihr hin.
Sie zuckte zurück.
Er hat eine Rolle in diesem Spiel, dachte sie.
Wenn ich nur wüsste, welche.
„Nun ja, wir sind ein Volk von Bauern“,
murmelte sie.
„Körnerfresser!“, rutschte es Eric heraus.
Er lächelte entschuldigend.
„Tut mir leid. So nennen meine Leute euch.“
Ellen spürte ihre Wangen heiß werden.
Was bildete er sich eigentlich ein?
„Körnerfresser?“, schnappte sie.
„Besser als Aasfresser ist das allemal!“
Eric ließ den Dolch sinken.
„Wer weiß?“

Seine ruhige Art machte sie noch wütender, aber sie beherrschte sich. Sie zwang sich, über seine ursprüngliche Frage nachzudenken. „Ich weiß nicht genau, warum ich dich so unheimlich finde. Ich meine: Du benutzt deinen Dolch wie eine Waffe. Was, wenn du ...“ Eric unterbrach sie. „Glaubst du nicht, dass ich deine Gedankenleserei ebenso unheimlich finde?“ „Ich kann mit ihr nicht töten“, sagte sie. „Stimmt. Aber du kannst in andere hineinsehen und ihre geheimsten Geheimnisse rausfinden. Und ich finde das viel unheimlicher, als jemanden zu töten. Wenn du mich fragst, hast du viel mehr Macht über andere als ich mit meinem Dolch.“ „Ich würde sie nie nutzen, um jemandem zu schaden“, behauptete Ellen.

Eric sagt: Gedanken lesen zu können, ist noch unheimlicher als ein Dolch zum Töten.

Stimmst du Eric zu? ☐ Ja ☐ Nein

Begründe deine Meinung.

Zum Nachdenken

Eric sah sie an.
Eine seiner Augenbrauen wanderte nach oben.
Dann drehte er sich um und ging weiter.
Ellen eilte ihm nach.
„Ich habe ja verstanden!“,
murmelte sie zu sich selbst.
„Unheimlich finde ich dich trotzdem!“

Sie marschierten,
bis es begann, dunkel zu werden.
An diesem Abend ging Ellen los
und suchte Beeren und Wurzeln,
die sie gemeinsam verspeisten.
„Ich kann dich übrigens nicht lesen“,
sagte Ellen,
nachdem sie eine Weile geschwiegen hatten.
Eric kaute auf einer Wurzel herum.
Er sah nicht so aus,
als schmecke sie ihm.
„Ich weiß.“
„Du hast also gar keinen Grund,
vor mir Angst zu haben.“
Er ging nicht darauf ein, sondern
wechselte das Thema:
„Dieses graue Volk,
von dem Sina gesprochen hat.
Hast du schon mal davon gehört?“

„Die Gharem. Nein.“
Ellen pulte sich mit der Zunge
zwischen den Zähnen herum.
„Du?“
„Noch nie.“
Sie überlegten eine Weile.
„Die Nacht habe ich von Ulvar geträumt“,
sagte Eric schließlich.
Ellen horchte auf.
Sollte sie ihm sagen,
dass auch sie geträumt hatte?
Von Sina?
Sie entschied sich, es nicht zu tun.
Die Nacht war warm und Ellen war dankbar dafür.
Lange Zeit lag sie da und starrte in den Himmel.
Der Unheilstern zog langsam
seine Bahn von Ost nach West.
Ellen grübelte.
Sina hatte ihr Larijon berührt,
als sie sie im Traum gefragt hatte,
was das graue Volk war.
War das eine Antwort gewesen?
Ellen dachte daran,
dass Eric kein Larijon besaß.
Vielleicht war das ihre Aufgabe, überlegte sie,

den He'ran das Larijon wiederzugeben,
das die Götter ihnen fortgenommen hatten.
Aber das erklärte noch nicht,
was das graue Volk war.
Schließlich drehte sie sich auf die Seite
und legte den Kopf auf den angewinkelten
Arm.
Ein kleiner Stein lag direkt vor ihrer Nase.
Er war kaum größer als ihr Fingernagel.
Sie schloss die Hand darum
und fühlte seine raue Oberfläche.

13

„Hast du es diese Nacht auch gespürt?",
fragte Eric,
nachdem sie sich am nächsten Morgen
wieder auf den Weg gemacht hatten.
Der Wald wurde hier heller,
und zwischen den Baumkronen
konnte Ellen ab und zu die Berge sehen.
„Was denn?", fragte sie zurück.
„Das Biest, das uns verfolgt.
Diese Nacht war es wieder da."
Ellen erschrak. Sie hatte nichts davon bemerkt!
„Ich hatte das Gefühl,
es wird langsam mutiger", meinte Eric.

„Wir sollten auf jeden Fall
in den nächsten Nächten gut aufpassen."
An diesem Tag verließen sie den Wald
und kamen in eine Gegend,
in der nur noch niedrige Büsche
und raues Heidekraut wuchsen.
Der Wind wehte hier oben stärker,
und es war auch kälter.
Die nächste Nacht war die schlimmste,
die Ellen in ihrem Leben je erlebt hatte.
Sie konnte kaum schlafen,
weil sie fror.
Außerdem pfiff der Wind so unheimlich
um die scharfkantigen Felsen,
dass es sich anhörte, als hätten sich sämtliche
Unwetterhexen der Welt hier versammelt.
„Ellen?", hörte sie Eric in der Dunkelheit
flüstern.
„Ja?"
„Ist dir auch so kalt?"
„Hmhm."
„Wir könnten uns gegenseitig wärmen,
was meinst du?
Unter meinem Umhang ist Platz für zwei."
Kurz war Ellen versucht, ja zu sagen,
aber dann fiel ihr wieder ein,
was Eric mit dem Kaninchen getan hatte.

Die Vorstellung, dass Teile des toten Tieres in seinem Magen lagen, erfüllte sie mit Ekel. „Danke“, sagte sie darum. „Ich komme schon allein klar.“ „Wie du willst!“, brummte er und drehte sich auf die andere Seite.

Kurz vor Sonnenaufgang fuhr Ellen aus einem leichten Schlummer hoch. Mit klopfendem Herzen lag sie in der Finsternis und lauschte. Sie hatte ein Stöhnen gehört. Ein Schnaufen. Jetzt jedoch umgab sie Stille. Nichts war zu hören. Bis auf die Unwetterhexen. Zitternd holte sie Luft und wartete auf die ersten Sonnenstrahlen.

Als es endlich hell wurde, war Eric fort. Ellen sprang auf die Füße. Sein Umhang war noch da. Er lag zu einem Knäuel verknotet neben einem Felsbrocken. Ellen hob ihn auf und ließ ihn vor Schreck wieder fallen.

Ein langer Riss zog sich quer
durch die graue Wolle.
Was war geschehen?
„Eric?“ Ihr zaghafter Ruf wurde vom Wind
davongetragen und brach sich an einer weit
entfernten Felswand.
„Eric?“, schrie sie lauter.
Diesmal kam ihr Ruf als Echo zu ihr zurück.
Aber sie erhielt keine Antwort.
Mutlos sank sie auf die Erde.
Was sollte sie nur tun?
Sie blieb eine Weile sitzen,
dann jedoch quälte sie sich wieder hoch.
Sie begann nach Spuren zu suchen,
die ihr vielleicht sagen konnten,
was mit Eric geschehen war.
Die ganze Zeit spielten sich dabei
vor ihrem inneren Auge schreckliche
Szenen ab.
Ein Fußabdruck gab ihr schließlich Gewissheit:
Das wilde Tier, das sie seit Tagen verfolgte,
hatte Eric geholt!

14

Bis in den Abend hinein
folgte Ellen den Abdrücken der Bestie.

Schließlich jedoch,
als die Sonne bereits die Bergspitzen berührte,
hörten die Spuren auf.
Ellen stand vor einem Abhang,
der mit spitzem Geröll bedeckt war.
Es war unmöglich zu sagen,
wohin sich das Tier gewandt hatte.
Ellen setzte sich auf einen Felsen
und legte erschöpft den Kopf in die Hände.
Solange sie die Spuren gehabt hatte,
denen sie folgen konnte,
hatte sie ihr Larijon nicht benutzt.
Jetzt aber blieb ihr keine andere Wahl mehr.
Sie aktivierte es
und suchte mit ihm nach dem wilden Tier.
Rasch bekam sie ein Echo.
Es war nur schwach, viel schwächer als das,
was sie von dem Raben im Wirtshaus
empfangen konnte.
Trotzdem konnte Ellen es verstehen.
Sie sah das Innere einer Höhle.
Und einen riesigen Tropfstein.
Ellen kam auf die Füße.
Die Erinnerungen des Tieres waren undeutlich.
Verschwommen glaubte Ellen einen
schmalen Spalt in einer Felswand zu erkennen.
Sie machte sich auf die Suche danach.

Es dauerte nicht lange,
dann hatte sie ihn gefunden.
Vorsichtig ging sie hindurch
und kam in einen Gang.
Säuerlicher Tiergeruch schlug ihr entgegen.
Sie nahm ihren Ärmel zwischen die Finger
und presste ihn vor die Nase.
Um vor bösen Überraschungen sicher zu sein,
las sie erneut den Geist des Tieres,
und wieder sah sie die Höhle
und den Tropfstein.
Diesmal jedoch schob sich noch etwas anderes
in das fremde Blickfeld.
Es war ein Wesen,
wie Ellen es noch nie zuvor gesehen hatte.
Es stand hoch aufgerichtet,
sein Körper war bedeckt
mit faustgroßen Schuppen.
Vier lange Reißzähne wuchsen ihm
aus dem Maul,
die Pupillen waren schmale Schlitze.
Trotz seiner Wildheit
wirkte das Gesicht dieses Wesens
eigenartig klug auf Ellen.
Ein Panzerbär,
schoss es Ellen durch den Kopf.
Sie wunderte sich darüber,

denn sie konnte sich nicht daran erinnern,
jemals ein solches Wesen
zu Gesicht bekommen zu haben.

Woher kannte sie seinen Namen?
Und noch etwas beunruhigte sie
aufs Äußerste:
Wenn sie das Wesen mit Hilfe ihres Larijons
erspüren konnte,
dann war es nicht allein in der Höhle.
Es hatte mindestens noch einen Gefährten.
Ellen wich in einen schmalen Seitengang,
weil vor ihr schlurfende Schritte laut wurden.
Mit angehaltenem Atem sah sie zu,
wie der Panzerbär an ihr vorbeischlich.
Er hatte sich dazu
auf alle Viere heruntergelassen
und wirkte dadurch noch wilder
und gefährlicher.
Mit klopfendem Herzen wartete Ellen,
bis sein Schnaufen und Schlurfen
nicht mehr zu hören waren.
Dann gab sie sich einen Stoß.
Leise schlich sie tiefer in die Höhle hinein,
die ganze Zeit darauf gefasst,
dass das zweite dieser Wesen
sie angreifen würde.
Es geschah jedoch nichts.
Sie fand Eric
am Boden der Höhle liegend.
Er blutete am Kopf

und war nur halb bei Bewusstsein. Die Hände waren ihm auf dem Rücken gefesselt worden. Der Dolch hing unerreichbar für ihn an seinem Gürtel. Ellen suchte die Höhle nach dem zweiten Panzerbär ab, den sie wahrgenommen hatte, aber sie fand ihn nicht. Bis auf Eric war die Höhle leer. Eilig lief sie zu dem He’ran hinüber. Seine Lider flatterten bedrohlich. „Den Göttern sei Dank!“, stöhnte er und wand seinen Körper, um die Fesseln zu lockern. Undeutlich nahm Ellen einen brennenden Schmerz in Schultern und Handgelenken wahr. Sie biss sich nachdenklich auf die Lippe. Eric hatte keine Chance gegen die Stricke. Sie waren genauso dick wie die, mit denen Jerren Eric an der Linde festgebunden hatte. Ein Gedanke schoss Ellen durch den Kopf, aber er war so rasch wieder verschwunden, dass sie ihn nicht zu fassen bekam. Ohnehin war jetzt keine Zeit

für Gespräche oder Grübeleien.
Ellen streckte die Hand
nach dem Dolch an Erics Gürtel aus.
Sie dachte daran, wie er damit das Kaninchen
ausgenommen hatte, und zögerte.
Klebte da noch Blut an dem Dolch?
„Mach schon!“, flehte Eric.
Sein Blut lief ihm aus einer Platzwunde
am Kopf in die Augen und er zwinkerte.
Seine Zunge schien ihm nicht recht
gehorchen zu wollen.
Ellen griff nach dem Dolch und begann,
an den Stricken herumzusäbeln.
Es war nicht ganz einfach.
Endlich fiel der erste von Eric ab.
Da ertönten wieder die schlurfenden Schritte
und ließen Ellen hochfahren.
„Es kommt zurück!“, flüsterte Eric.
„Du musst dich beeilen!“
Wie besessen säbelte Ellen
an den Stricken herum, und endlich
hatte sie einen weiteren durchgeschnitten.
Dann einen dritten.
Das Wesen war jetzt ganz nahe.
Ellen schluchzte auf.
„Hau ab!“, sagte Eric.
„Los, sonst bek...“

In diesem Moment fiel auch der letzte Strick.
Ellen packte Eric und riss ihn auf die Füße.
Er taumelte, aber dann fing er sich,
und sie huschten tiefer in die Höhle hinein,
während vorne der Panzerbär
den Eingang verdunkelte.

15

Ein lautes Brüllen ließ Ellen vor Schreck
stolpern.
Sie rappelte sich auf und hastete weiter.
Eric war neben ihr.
Seine Schritte wirkten unsicher,
fast, als sei er betrunken.
Die schlurfenden Schritte verwandelten sich
in einen raschen Trommelwirbel.
„Es verfolgt uns!“, schrie Ellen.
Ihr Herzschlag verdoppelte sich.
Eric blieb stehen.
„Hier herein!“, murmelte er
und zog Ellen in einen Spalt, der so eng war,
dass sie sich rechts und links
die Schultern anstieß.
Das Wesen blieb brüllend
vor dem Spalt stehen.
Eine Pranke langte zu ihnen herein,

erreichte sie jedoch nicht.
„Es ist zu groß!“,
schrie Eric gegen den Lärm an.
Ellen presste sich an den Felsen.
Immer und immer wieder versuchte
das Wesen, sie zu erreichen.
Es tobte und brüllte und gab schließlich auf.
Direkt vor dem Spalt hockte es sich
auf die Fersen und wartete.
„Hoffentlich kommt das zweite
nicht auch noch“, sagte Ellen leise.
Eric hatte den Kopf gegen den Felsen
sinken lassen und rutschte jetzt
mit dem Rücken daran herunter.
Er atmete ein paarmal tief durch.
„Was für ein zweites?“, fragte er.
„Ich habe kein zweites gesehen.“
Er schloss die Augen.
Das Blut, das aus seinen Haaren rann,
zeichnete sich grell gegen seine blasse Haut ab.
Ellen nahm ihren Ärmel zwischen die Finger
und tupfte das Blut fort.
Eric öffnete die Augen wieder.
Sein Blick war unruhig,
und ohne darüber nachzudenken,
versuchte Ellen, seine Gedanken zu lesen.
Sie keuchte erschrocken auf.

Es waren die dumpfen,
schwer verständlichen Gedanken,
die sie schon vorhin wahrgenommen hatte!
Das zweite Wesen, das sie zu spüren geglaubt
hatte: Es war kein Panzerbär gewesen.
Sondern Eric!
„Was hast du?“, wollte er wissen.
Ellen schüttelte den Kopf.
Verwirrt rückte sie ein Stück von Eric weg.
Durch ihre Bewegung
wurde der Panzerbär aufmerksam
und versuchte erneut,
sich durch den Spalt zu zwängen.
Diesmal gab er jedoch schon
nach wenigen Augenblicken wieder auf.
„Der hat Ausdauer!“, prophezeite Eric.

Ellen verlor jegliches Zeitgefühl,
denn ihre Gedanken kreisten
wie wild durch ihren Kopf.
Was war geschehen, dass sie auf einmal
Erics Gedanken lesen konnte?
Und warum kam sein Geist
ihr so fremdartig und wild vor
wie der eines Tieres?
Sie dachte an das tote Kaninchen,
dann an die Erinnerungen Jerrens.

An all die Grausamkeiten,
die die He'ran in den Schlachten
begangen hatten.
Immer wieder betrachtete sie Erics Gesicht.
Er hatte inzwischen
ein wenig Farbe bekommen.
Das fortgewischte Blut hatte ein Muster
in den feinen Linien seiner Haut hinterlassen.
Es sah aus wie eine fremdartige Zeichnung.
Ellen dachte daran,
wie Eric das Stück Brot
für sie aufgehoben hatte,
obwohl er hungrig gewesen war.

Jetzt hast du Ellen und Eric schon so gut kennengelernt, dass du einen Ich-Text über sie schreiben kannst.
Entscheide dich für Ellen oder Eric.

Ich heiße ______________________________

Ich gehöre zum Volk der ______________________

Ich bin ____________ *Jahre alt.*

Ich habe ______________________________

Ich __________________________________

Zum Nachdenken

Ihr fiel seine Reaktion
auf seine Gefangennahme im Dorf ein.
Er hätte Jerren töten können,
aber er hatte es nicht getan.
Konnte es sein, dass er anders war
als die anderen seines Volkes?
Aber wenn ja,
warum waren seine Gedanken dann so düster?
Ellen raufte sich die Haare.
Eric riss sie schließlich aus ihren Grübeleien.
„Ich jage ihn fort“, verkündete er.
Ellen wollte etwas sagen,
aber sie war nicht schnell genug.

Meine große Aufgabe ____________________

____

Ich wünsche mir, dass ____________________

____

Ich ____________________

____

Ich ____________________

Ich ____________________

Fassungslos sah sie zu,
wie Eric dem Panzerbären entgegenging.
Erst auf den zweiten Blick bemerkte sie,
dass er gar keine Waffe besaß.
Seinen Dolch hatte Ellen auf der Flucht
vorhin verloren!

Als der Panzerbär sah,
dass Eric in seine Reichweite kam,
sprang er auf.
Und griff sofort an.
„Eric!"
Ellens Schrei hallte an den Felswänden wider.
Es nützte nichts.
Sie musste mit ansehen,
wie sich der Bär auf Eric stürzte.
Wie er ihn unter sich begrub.
Das Brüllen des Biestes füllte die Höhle
bis zum Bersten,
und trotzdem hörte Ellen
noch ein anderes Geräusch.
Es war ein feines Singen,
wie Metall, das über Stein rutschte.
Sie sah etwas Blitzendes durch die Luft fliegen
und in Erics Hand landen.
Im nächsten Moment brüllte der Bär erneut
auf, diesmal jedoch klang es nicht wütend,

sondern gepeinigt.
Ellen sah, wie das Wesen den Kopf
in den Nacken warf.
Dann brach es zusammen.
Eric kämpfte sich unter den Fleischmassen
hervor, die ihn unter sich begraben hatten.
Ellen starrte ihn ungläubig an.
In der Hand hielt er seinen Dolch!

16

„Komm!“, sagte er nur,
griff nach Ellens Arm und zog sie
aus dem Spalt.
Im Freien sog Ellen gierig die frische Luft ein.
Eric wischte die Klinge des Dolches
an einem Grasbüschel sauber.
Gleichmütig steckte er die Waffe fort.
„Was war das?“, schrie Ellen ihn an.
Sie zitterte am ganzen Leib.
Eric richtete den Blick auf sie.
Auf einmal kam ihr sein Gesicht
schmal und kantig vor.
Härter als zuvor.
In seinen hellen Augen brannte
ein eigenartiges Feuer,
doch als er einmal blinzelte, war es fort.

„Auch die He’ran haben eine besondere Gabe“,
sagte er.
Dann ließ er sich erschöpft ins Gras fallen
und schwieg.

Es dauerte lange,
bis Ellen das Erlebte begreifen konnte.
So, wie sie durch ihr Larijon
Gedanken lesen konnte,
konnte er mit der Kraft seines Geistes
Gegenstände durch die Luft fliegen lassen.
Plötzlich fiel ihr ein,
dass sie sich nie ernsthaft gefragt hatte,
wie er an seinen Dolch gekommen war,
als er an der Linde gestanden hatte.
Jerren hatte seine Hände festgebunden,
aber irgendwie,
hatte Ellen damals gedacht,
musste er sie befreit haben.
Jetzt begriff sie,
dass sie sich getäuscht hatte.
Er hatte den Dolch
nicht mit seinen Händen bewegt.
Sondern mit seinen Gedanken!
Ellen dachte daran,
wie er den Stein nach dem Kaninchen
geschleudert hatte.

Das wäre gar nicht nötig gewesen.
Er hätte das Kaninchen allein
mit der Kraft seiner Gedanken
töten können.
Ellen fühlte,
wie ihre Kehle sich zusammenzog.
Es war, als würden sich kalte Hände
um ihren Hals legen und langsam zudrücken.
Mit einem Keuchen rappelte Ellen sich auf.
Eric sah sie verwundert an.
Sie wich vor ihm zurück.
„Lass mich!“, ächzte sie.
Dann drehte sie sich um und rannte davon.

Ellen und Eric haben besondere Gaben:
Was kann Ellen mithilfe ihres Larijons?

____

Und Eric mit der Kraft seiner Gedanken?

____

____

Nach dem Abenteuer mit dem Bären und wegen Erics besonderer Gabe hat Ellen auf einmal Angst vor Eric. Stell dir vor, du wärst bei ihr und könntest ihr Mut machen. Was würdest du sagen?

Zum Nachdenken

Er war hinter ihr,
kaum dass sie um einen Felsen herum war.
Sie spürte seine Hände auf ihren Schultern.
Riss sich los.
Wurde gepackt und herumgezerrt.
„Was soll das?“, schrie Eric ihr ins Gesicht.
Jetzt erst bemerkte sie,
dass direkt vor ihren Füßen
ein Abgrund gähnte.
Sie starrte in die Tiefe und fühlte,
wie ihr schwindelig wurde.

17

„Ich würde dir so gerne klarmachen,
dass ich dir nichts tun will“,
begann Eric an diesem Abend
ein ernstes Gespräch.
Sie hatten sich so weit es ging
von der Höhle des Panzerbären entfernt
und ein kleines Lagerfeuer angezündet,
um sich gegen die Kälte
hier in den Bergen zu schützen.
„Aber ich weiß nicht, wie ich das kann.“
Ellen, die ihm seit ihrem Panikanfall
an dem Abgrund ausgewichen war,
sah ihm nun mitten ins Gesicht.

„Ich kann deine Gedanken lesen“,
sagte sie sehr leise.
Eric antwortete nicht.
Ellen sah seine Pupillen hin- und herzucken.
Als er endlich etwas sagte,
verblüfften seine Worte Ellen:
„Deine Haare werden grau!“
Unwillkürlich fasste sie sich
in die dichten Locken.
„Hast du gehört, was ich gesagt habe?“,
fragte sie.
Er nickte.
Dann tastete er nach seinen eigenen Haaren,
und endlich sah auch Ellen es.
In seinen weißen Strähnen
hatten sich dunklere gebildet.
Auch er wurde grau!
Sie stand auf
und ging zu einem kleinen Bach,
der ganz in der Nähe
zwischen den Felsen hindurchrann.
Ihr Gesicht spiegelte sich leicht verzerrt
in der fließenden Wasseroberfläche,
aber dennoch sah Ellen genug.
Eric hatte recht:
Auch ihre Haare wurden grau.
Sie drehte sich um und sah Eric an,

der ihr gefolgt war.
„Was hat das zu bedeuten?“
„Ich weiß es nicht.“
Jetzt schienen ihre Worte von vorhin
in seinem Bewusstsein angekommen zu sein.
„Was meinst du, wenn du sagst,
du kannst meine Gedanken lesen?“, fragte er.
„Dass ich es kann.
Ich weiß nicht wieso, aber als dieser Bär
dich gefangen hatte,
da konnte ich deine Gedanken lesen.“
Eric überlegte.
Ellen konnte seine Gefühle wahrnehmen.
Er hatte Angst.
Angst vor ihr!
Die Erkenntnis traf sie wie ein Keulenschlag.
Sie hatte keine Ahnung, was geschehen war,
aber irgendetwas hatte die alten Gesetze
außer Kraft gesetzt.
In diesem Moment schob sich
der Unheilstern über die Bergkuppe.
Ellen stöhnte auf.
Sein silbriges Licht,
das sie von Kindesbeinen an kannte,
war merklich dunkler geworden.
Der Unheilstern war dabei zu verblassen!

18

Sie kehrten zurück an das Feuer
und versuchten schließlich,
ein wenig zu schlafen.
Am nächsten Morgen gingen sie weiter.
Ellen fühlte sich matt und zerschlagen
als habe sie eine Erkältung bekommen.
Allerdings lief ihre Nase nicht,
und auch ihr Hals kratzte nicht.
Dennoch fühlte sie sich krank.
Sie schlich hinter Eric her,
zwischen Felsen hindurch,
die sich jetzt immer höher
rings herum auftürmten.
Wenige Stunden,
nachdem sie aufgebrochen waren,
machte Eric schließlich halt.
Als er sich umdrehte,
bemerkte Ellen,
dass auch er erschöpft aussah.
Ob es ihm ähnlich schlecht geht
wie mir?, fragte sie sich.
„Ja."
Sie brauchte eine Weile, um zu begreifen,
dass er ihr geantwortet hatte,
obwohl sie gar keine Frage gestellt hatte.

Ihre Wangen wurden kalt.
„Kannst du verstehen, was ich denke?“,
keuchte sie.
Er sah sie an,
lange und nachdenklich.
„Ich bin nicht sicher.
Hast du mich nicht eben gefragt,
ob es mir schlecht geht?“
Ellen schüttelte den Kopf.
„Ich habe mich selbst gefragt“,
stellte sie richtig und fügte eindringlich hinzu:
„In Gedanken.“
Eric ließ sich auf die Fersen nieder
und vergrub seinen Kopf in den Händen.
„Mein Schädel dröhnt“, murmelte er.
Als er wieder aufsah,
waren seine Augen rot.

Es gibt Zeichen dafür, dass alles gut wird und dass das graue Volk gerettet werden kann.
Hast du die Zeichen erkannt?

Ellen kann plötzlich ______________________________ .

Und Eric kann ___________________________________ .

Ellens und Erics Haare ___________________________ .

Zum Nachdenken

Im Laufe dieses Tages erreichten sie
eine Felswand,
in deren Schatten sich ihr Weg dahinzog.
Sie mussten jetzt immer häufiger
Pausen machen.
Bei einer davon stellte Ellen Eric eine Frage,
die ihr seit Längerem im Kopf herumspukte:
„Für deine Gabe ... hast du auch so etwas
wie ein Larijon?“
Er öffnete seinen Umhang und schob das
Hemd darunter ein Stück auseinander.
Sein Larijon saß in der Vertiefung
zwischen seinen Schlüsselbeinen.
Und es war ebenso silbern wie ihres.
„Wir nennen es Nerijon“, erklärte er.
„Warum hast du es die ganze Zeit
vor mir geheim gehalten?“, fragte Ellen.
„Ich meine: Ich habe dir doch
oft genug das Gefühl gegeben,
dass du deswegen weniger wert bist als ich.“
Sie schämte sich für ihr Verhalten,
ja, sie schämte sich sogar
für jeden überheblichen Gedanken,
mit dem sie über Eric nachgedacht hatte.
Eric zuckte nur die Achseln.
Er schloss sein Hemd wieder und ließ
den Umhang an die alte Stelle zurückfallen.

Am späten Nachmittag dieses Tages erblickten
sie zum ersten Mal den purpurnen Felsen,
von dem Sina gesprochen hatte.
Seine Seiten schimmerten
im Licht der sinkenden Sonne
wie mit Blut übergossen.
Beim Näherkommen entdeckte Ellen
einen Schwarm Raben,
der um den Felsen flog,
aber sie war zu ermattet,
um sich darüber zu freuen.
Zu weit hinter ihr lag das Gasthaus
und der Vogel im Käfig.
Weil sie zu spüren glaubten,
wie ihnen die Zeit unter den Fingern zerrann,
rasteten sie in dieser Nacht nicht.
Der Unheilstern ging auf
und sie stellten fest,
dass er wieder etwas von seiner Leuchtkraft
verloren hatte.
In Ellens Kehle schoss Magensäure hoch.
Sie übergab sich,
und als sie sich aufrichtete,
da fühlte sie sich heiß und fiebrig.
Eric stützte sie,
aber sie konnte ihm ansehen,
dass er ebenso erschöpft war wie sie.

In diesem Moment überkam sie
eine tiefe Zuneigung für ihn.
Es war ihr egal,
wie anders seine Gedanken sich anfühlten.
Es war ihr egal, dass er Tiere aß.
Ihn quälte die gleiche Sorge wie sie.
„Wir kommen zu spät!“, stöhnte er.
Ellen stützte die Unterarme
auf einen Felsbrocken
und legte den Kopf darauf.
„Zu spät“, murmelte sie mit schwerer Stimme.
Sie hatten den purpurnen Felsen erreicht,
aber hier war keine Stadt!
Irgendetwas war fürchterlich schiefgelaufen.
„Ellen!“, flüsterte Eric in diesem Moment.
Mühsam hob sie den Kopf.
Eric stand an der Felswand,
an deren Fuß sie den ganzen Tag
entlanggewandert waren.
Gebannt starrte er auf einen Punkt,
den Ellen von ihrem Platz aus
nicht einsehen konnte.
Sie quälte sich auf die Füße
und wankte an seine Seite.
Was sie sah, ließ ihr den Atem stocken.
In der Felswand war ein Spalt.
So schmal war er,

dass sie ihn aus der Richtung,
aus der sie gekommen waren,
nicht hatten sehen können.
Von hier jedoch war er gut zu erkennen,
und auch das, was dahinter lag.
Ruinen!
Vor ihnen lag die verfallene Stadt.
Ellen sah Häuser, deren Wände noch immer
von der einstigen Größe zeugten.
Sie sah steinerne Bögen,
wuchtige Mauern und dünne Säulen.
Ein Gewirr von Palästen,
von Türmen und Brücken,
die sich an den Seiten eines
tief eingeschnittenen Tales
in die Höhe zogen.
Über allem lag ein silbriger Schimmer,
denn der Unheilstern stand
genau in der V-förmigen Kerbe,
die die beiden Talwände bildeten.

Schau das Bild auf Seite 95 genau an und vergleiche es mit dem Text. Dann wird dir auffallen, dass etwas fehlt. Zeichne das Fehlende an der richtigen Stelle ein.
(Tipp: Schau vorher noch einmal auf Seite 8 nach.)

Zum Nachdenken

Mit zittrigen Knien folgte Ellen Eric
in das Tal hinab.
Staunend lief sie durch die verlassenen Straßen
und vergaß dabei für einen Augenblick,
wie elend sie sich fühlte.
Ihre Finger strichen über glatten Marmor,
über rauen Sandstein
und über kaltes, rostiges Eisen.
Vor einer hoch aufragenden Wand
blieb Ellen stehen.
Die Bilder, die darauf gemalt waren,
mussten einst sehr bunt gewesen sein.
Noch jetzt konnte man die Farben erahnen.
Es dauerte eine Weile,
bis Ellen begriff, was sie sah.
Da waren Menschen.
Ihre langen Haare schienen grau zu sein.
Ein mandelförmiges Gebilde prangte
zwischen ihren Augenbrauen
und zwischen ihren Schlüsselbeinen.
Ellens Kopf schwirrte.

Zwei mandelförmige Gebilde: eins zwischen den Augenbrauen und eins zwischen den Schlüsselbeinen. Du kannst sicher erraten, was das für Gebilde sind und was sie bedeuten.

Zum Nachdenken

„Begreifst du das?“, flüsterte sie.

Eric legte eine Hand auf die Zeichnungen.

„Ich glaube ja“, sagte er. Er klang ehrfürchtig.

„Sieh nur! Sie besaßen beide Fähigkeiten, deine und meine!
Das hier ist das graue Volk!“

„Das war es, ja!“

Eine tiefe Stimme ließ sie herumfahren.

Auf dem Platz vor der Wand stand ein Mann.

Instinktiv las Ellen ihn und spürte, wie ihre Knie weich wurden.

Dieser Mann war alt. Steinalt.

Seine Erinnerungen reichten zurück bis zum Anbeginn der Zeiten.

Weil Ellen der Wucht dieser Erinnerungen nicht gewachsen war, zog sie sich rasch aus dem Geist des Alten zurück.

„Dein Name ist Hagal!“, keuchte sie.

Der Alte nickte.

Sein Gewand war weit ausgeschnitten, sodass Ellen sehen konnte, dass er weder ein Larijon noch ein Nerijon besaß.

Sein Blick glitt über Ellen und Eric hinweg und zu dem Unglücksstern.

Seine Miene verdüsterte sich augenblicklich.

„Wir haben nur noch sehr wenig Zeit!“, murmelte er.

19

Er brachte Ellen und Eric zu einer Art Theater,
dessen Sitzbänke im Halbkreis
in einen Felsen gebaut worden waren.
Unkraut und Moos
hatten die weißen Steine überwuchert,
hatten Kanten überdeckt
und schmale Risse aufgeworfen.
Hagal bat Ellen und Eric,
sich zu setzen.
Sie folgten der Aufforderung,
er jedoch blieb stehen.
„Wer bist du?“, fragte Ellen,
noch immer gefangen genommen
von der Wucht seiner Erinnerungen.
„Bist du ein Gharem?“
Hagal lachte. „Oh nein!“
„Aber was bist du sonst –
was sind die Gharem?“
Und dann begann Hagal zu erzählen.

Er berichtete,
dass in dieser Stadt in den Bergen
einst ein Volk gelebt hatte,
dessen Macht alles andere auf der Welt
übertraf.

Diese Menschen haben graue Haare
und Augen besessen,
aber vor allem besaßen sie
zwei machtvolle Fähigkeiten.
Sie konnten Gedanken lesen
und Gegenstände mit Hilfe ihres Geistes
durch die Luft bewegen.
Sie waren die Hüter des Friedens in Ihla,
doch leider waren sie nicht ohne Fehler.
Im Laufe der vielen Jahrhunderte,
die sie über Ihla herrschten,
wurden sie überheblich.
Und schließlich hielten sie sich
für mächtig genug,
um selbst die drei Götter herauszufordern.
Die jedoch wurden zornig
und sandten eine besondere Strafe
auf die Gharem nieder.
Zwei Jungen wurden geboren.
Zwillinge.
Doch sie waren nicht grau,
so wie alle anderen Gharem,
sondern einer von ihnen hatte schneeweißes
Haar, der andere kohlschwarzes.
Der Weißhaarige – sein Name war He'ran –
wurde ohne Larijon geboren,
Dinah, der Schwarzhaarige,

ohne Nerijon.
Die Gharem waren entsetzt,
und sie verjagten die beiden aus ihrer Stadt.
Das jedoch brachte die Götter
endgültig gegen sie auf.
Eine Flut stürzte aus den Bergen herunter
und vernichtete die Stadt der Grauen.
Nur die Zwillinge überlebten.
Sie gingen zu den Menschen
und fanden dort Aufnahme.
Weil ihr eigenes Volk sie verstoßen hatte
waren sie neidisch und bösartig geworden.
Bald entzweiten sie die Menschen
und führten sie
in den ersten einer ganzen Reihe
von fürchterlichen Kriegen.
Außerdem gaben sie ihre Fähigkeiten
an ihre Nachkommen weiter.
Und so kam es,
dass aus dem einen Volk der Menschen
zwei wurden,
die sich He’ran und Dinah nannten.

„Und der Unheilstern?“, unterbrach Ellen Hagal. „Welche Bedeutung hat er?“

„Ihn setzten die Götter als Mahnung an den Himmel“, erklärte der Alte.

„Gleichzeitig aber ist er auch
ein Zeichen der Versöhnung.“
„Weil er unsere Geburt angekündigt hat“,
vermutete Eric.
Hagal nickte.
„Durch eure Hilfe soll das graue Volk
nach Ihla zurückkehren.
Sina hat euch die Prophezeiung
im verborgenen Tempel gezeigt.“
Es war eine Feststellung,
keine Frage.
Ellen und Eric nickten.
Plötzlich erscholl eine Stimme
von jenseits einer Säule:
„Viele Male erschien der Stern,
seitdem wir das graue Volk vernichtet haben.“
Ellen und Eric wandten sich um.
„Sina!“, rief Ellen.
„Wie kommst du hierher?“
Sie kannte die Antwort,
bevor sie die Frage zu Ende gesprochen hatte.
„Ihr seid jene Götter!“, rief Ellen aus.
Sina nickte.
Ihr Aussehen hatte sich ein wenig verändert.
Es dauerte eine Weile,
bis Ellen erkannte,
dass sie kein Larijon mehr besaß.

Als würde nun eine unsichtbare Maske
von ihrem Gesicht gezogen,
sah sie plötzlich gar nicht mehr alt aus.
Ein jugendliches Strahlen
legte sich über ihre Züge.
„Du bist ein kluges Mädchen“, sagte Hagal.
Auch er hatte sein steinaltes Aussehen
verloren.
Hinter ihm trat ein weiterer alter Mann
aus dem Schatten der Säulen.
Ellen musste nur Eric ansehen,
um zu wissen,
dass es sich um Ulvar handelte.
Die drei Götter!
Eric und sie, sie waren so blind gewesen!
Ellen spürte, wie sie erzitterte.
Hagal wurde blass.
„Wir müssen uns beeilen!“, rief er.
Eric sprang auf.
Er schwankte jetzt.
„Was müssen wir tun?“
Sina und Hagal sahen sich an.
Ein Schatten glitt über Sinas Züge,
doch Ellen wusste ihn nicht zu deuten.
Sie las die Gedanken der Göttin,
aber nun war deren Maske fort.
Nun schienen auch ihre Gedanken

wie die Gedanken Hagals
von überirdischer Kraft zu sein,
die Ellen verzagen ließ.
Hagal holte tief Luft, bevor er sagte:
„Ihr müsst eine Entscheidung treffen."
Über ihren Köpfen leuchtete
der Unheilstern jetzt nur noch sehr matt.
Die Felsen und Mauern rings herum
begannen zu summen,
als stünden sie unter großem Druck.
Ellens Ohren schmerzten plötzlich.
„Das graue Volk kann nur zurückkehren,
wenn ihr eine der beiden Gaben aufgebt!"
Das Summen verstärkte sich
und wurde zu einem Dröhnen.
„Es ist eure Aufgabe, zu entscheiden, welche."

Was bedeutet „Ihla"? ______________________

Wie lauten die Namen der „drei Götter"?

____

Welches sind die „beiden Gaben", von denen eine aufgegeben werden muss?

____

Was meinst du: Wie werden Ellen und Eric sich entscheiden?

Zum Nachdenken

Erste Steine fielen aus den Ruinen
und polterten zu Boden.
„Entscheidet euch weise!“
Die Erde unter Ellens Füßen schwankte.
„Schnell!“, schrie Sina mit schriller Stimme.
Ellen sah Eric an.
Was würde es ihn kosten,
auf seine Gabe zu verzichten?
Sie konnte es nicht ermessen,
und es war auch keine Zeit mehr,
es zu ergründen.
„Das Larijon!“, rief sie.
„Das Nerijon!“, hörte sie Eric
gleichzeitig sagen.
Auf einmal entstand rings um Ellen herum
eine große Klarheit.
Es war, als hätten die Götter selbst
die Zeit angehalten.
Der Lärm war fort,
die fallenden Trümmer
blieben mitten in der Luft hängen.
Ellen spürte, wie sie freier atmen konnte.
„Keines von beiden!“, hörte sie Sina
mit fester Stimme sagen,
und Ulvar beendete den Satz:
„Denn keines von beiden ist dem anderen
überlegen.“

Sie reichten sich gegenseitig die Hände.
Ellen fühlte die Wärme,
die von Erics Haut ausging.
Die Götter ließen die Zeit weiterlaufen,
die Steine prallten auf die Erde.
Dann jedoch hörte das Beben auf.
Schließlich wurde es finster,
denn der Unheilstern
verging in einem letzten Aufflammen.

Ellen und Eric haben ihre Aufgabe gelöst: Das graue Volk in der verlassenen Stadt kann gerettet werden. Aber *wodurch* haben sie dies eigentlich geschafft?

___

___

Die beiden sitzen erschöpft auf dem Boden und sprechen noch einmal über ihre Erlebnisse. Wie könnte ihr Gespräch verlaufen?
So kannst du beginnen:
Ellen: *Wir haben es geschafft. Das Beben hat aufgehört.*
Eric: *Ja, die Stadt ist gerettet. Aber jetzt bin ich müde, weil wir so viel erlebt haben.*
Ellen: *Wenn ich daran denke, wie wir …*

Zum Nachdenken

20

Das erste, was Ellen danach wieder hörte,
war Erics leises Lachen.
Sie sah ihn an.
„Du bist grau“, sagte sie.
Im Licht der Sterne hatten seine Haare
einen kräftigen, fast metallischen Grauton.
„Du auch“, gab er zurück.
Ellen senkte den Kopf,
um ihre eigenen Locken zu betrachten.
All ihre Müdigkeit, alle Übelkeit
waren wie fortgeblasen.
Sie fühlte sich gesund und kräftig.
Eric schien es ebenso zu gehen.
Suchend sah er sich um.
Die drei Götter
standen noch an derselben Stelle wie zuvor.
„Wir danken euch“, sagte Hagal.
„Ihr habt die einzig richtige
Entscheidung getroffen.
Jeder wollte seine eigene Gabe
für das graue Volk opfern.
Durch diese weise Entscheidung
habt ihr unseren Fluch gebrochen.“
Er wandte sich an Sina und Ulvar.
Sina lächelte.

„Unzählige Male“, erklärte sie,
„erschien der Unheilstern
und verschwand wieder,
ohne dass die beiden Kinder
sich begegneten, geschweige denn,
dass sie hierherkamen,
um diese Entscheidung zu treffen.
Also entschieden wir uns,
die Voraussetzungen dafür zu schaffen,
dass es diesmal geschehen konnte.
Ulvar schickte Eric ins Dorf der Dinah
und ich zeigte euch den Tempel.“
Eric schüttelte den Kopf.
„Ich verstehe das nicht“, murmelte er.
„Ich meine: Ihr seid Götter!
Wenn ihr den Fluch von dem grauen Volk
nehmen wolltet,
warum habt ihr es dann nicht einfach getan?“
„Auch wir müssen uns den Gesetzen
unterwerfen, die wir geschaffen haben“,
erklärte Hagal.
„Und als wir den Fluch aussprachen,
da machten wir ihn unabwendbar.
Unabwendbar selbst für uns.
Nur wenn die Regeln erfüllt würden,
würde der Fluch gebannt werden.“
Ellen begriff.

„Und eine eurer Bedingungen war,
dass wir von selbst entscheiden,
unsere Gaben zurückzugeben!“
„Genau.“
Sina schloss für einen kurzen Moment
die Augen.
„Alles, was wir tun konnten, war,
dafür zu sorgen,
dass ihr rechtzeitig hier sein würdet.
Den Rest musstet ihr selbst tun.“
„Unter Einsatz unseres Lebens“, sagte Ellen.
Hagal verzog das Gesicht.
Unter dem strahlenden Leuchten,
das jetzt von seinem Antlitz ausging,
war es kaum noch zu erkennen.
„Eine weitere Bedingung,
die wir in den Fluch einbauten.
Die Kinder, die in der Lage waren,
den Fluch zu lösen,
mussten es tun,
bevor der Unheilstern erloschen war.
Andernfalls würden sie sterben.“
Ellen nickte.
Darum hatten sie sich am Ende
so elend gefühlt.
Sie schauderte bei dem Gedanken,
wie nahe sie dem Tod gewesen waren.

Eric legte eine Hand auf ihren Arm.
„Wir haben das graue Volk gerettet“,
sagte er.
Sina wies auf die Ruinen.
„Das habt ihr. Seht!“
Stein setzte sich auf Stein.
Bögen und Brücken erhoben sich
aus dem Staub.
Glänzende Dächer lagen
unter dem silbrigen Licht der Sterne.
Sina trat neben Hagal
und reichte ihm die Hand.
Das Strahlen, das von ihrer Gestalt ausging,
wurde jetzt so grell,
dass Ellen die Augen schließen musste.
„Bleibt ihr nicht bei uns?“, rief sie.
Die Stimme, die ihr antwortete,
hatte plötzlich nichts Menschliches mehr
an sich.
„Wir haben nun Zeit, uns auszuruhen.“
Auf der anderen Seite ergriff Hagal Sinas
Finger und lächelte.
„Lebt wohl, Kinder.
Die Stadt in den Bergen gehört jetzt euch!“
Im nächsten Moment waren er, Ulvar
und Sina fort.
Ellen sah Eric an.

Noch kam er ihr fremd vor
mit seinen grauen Haaren,
aber bereits jetzt spürte sie,
wie sie eins mit ihm wurde,
wie sie eins mit der ganzen Welt wurde.
Hochgewachsene Gestalten traten
aus den Häusern.
Sie hatten graue Haare und graue Augen.
Sie umringten Ellen und Eric
und nahmen sie in ihren Kreis auf.
Und über allem ging groß und silbern
der Mond auf und begann seine Reise
über einen Himmel,
an dem niemals wieder
ein Unheilstern auftauchen würde.

Hier endet die Geschichte von Ellen und Eric und von der Rettung des grauen Volkes. Aber eigentlich ist die Geschichte noch nicht ganz zu Ende. Wie geht es weiter mit Ellen und Eric? Wie lebt das graue Volk in der Stadt in den Bergen? Und was geschieht mit den Völkern der Dinah und der He'ran? Schreibe die Geschichte in einem 21. Kapitel weiter.

Zum Weiterarbeiten

Die Hauptpersonen in dieser Geschichte sind Ellen und Eric. Wähle eine der Personen aus und schreibe ihren Namen in einen Kreis in der Mitte eines Blattes. Darum herum notierst du alles, was du in der Geschichte über die Person erfahren hast.

•••••

Schreibe deine Meinung zu dem Buch auf.
Was fandest du gut oder nicht so gut?
Welche Stellen fandest du besonders spannend?
Welche Person hat dich am meisten beeindruckt?
Und warum?
Auf welche Fragen möchtest du gern noch eine Antwort haben?
Was möchtest du unbedingt im Gedächtnis behalten?

•••••

Gestalte ein Werbeplakat für das Buch.

•••••

Löse das Rätsel auf Seite 112.

•••••

Lies die Texte auf den Seiten 118 und 124 und bearbeite die zugehörigen Aufgabenanregungen.

Kleines Rätsel zum Buch

1. Diesem Volk gehört Ellen an.
2. So ein Vogel sitzt in einem Käfig des Gasthauses.
3. So heißt die alte, weise Frau.
4. Einer der drei Götter.
5. So nennt Sina das graue Volk.
6. Hiermit kann Ellen Gedanken lesen.
7. Um an vergangenes ...?... zu erinnern, ...
8. ... wurde der ...?... an den Himmel gesetzt.
9. Noch einer der drei Götter.
10. Hiermit kann Eric Gedanken lesen.
11. Dieses Mädchen rettet das graue Volk.
12. Die verlassene Stadt: ein Gewirr von Palästen, Türmen und ...?... .

Anhang

Tahar Ben Jelloun

Papa, was ist ein Fremder?

Der marokkanische[1] Schriftsteller Tahar Ben Jelloun, der mit seiner Familie in Paris, der Hauptstadt Frankreichs, lebt, spricht mit seiner kleinen Tochter über Krieg und Fremdenfeindlichkeit. Er hat die Fragen der Tochter und seine Antworten gesammelt und daraus ein Buch mit dem Titel „Papa, was ist ein Fremder?" gemacht. Der folgende Text ist ein Auszug aus diesem Buch.

– Was genau ist ein Fremder?

– Der Wortstamm <fremd> bedeutet sowohl <von weit her> als auch <nicht dazugehörig>. Ein Fremder kommt also aus der Ferne, aus einem anderen Land, manchmal auch nur aus einer anderen Stadt oder einem anderen Dorf. Und ein Fremder ist kein Angehöriger der Familie, des Klans[2] oder des Stammes. Wenn heute jemand sagt, dass ihm etwas <fremd> sei, dann meint er damit, dass es sehr anders ist als das, was man jeden Tag sieht, dass es demnach irgendwie ungewöhnlich ist, aus

1 Marokko: Land in Nordafrika

2 Klan: Familienverband, Stammesgruppe

der Reihe fällt. Das Wort <seltsam> kann manchmal etwas Ähnliches ausdrücken.

– Bin ich eine Fremde, wenn ich zu meiner Freundin in die Normandie[3] fahre?

– Für die Leute aus der Gegend dort ganz bestimmt, denn du kommst von weiter weg, aus Paris, und du bist zudem eine Marokkanerin. Weißt du noch, als wir nach Senegal[4] geflogen sind? Für die Senegalesen waren wir Fremde.

– Aber die Senegalesen hatten keine Angst vor mir und ich auch nicht vor ihnen!

– Das stimmt, denn deine Mutter und ich hatten dir erklärt, dass du vor Fremden keine Angst zu haben brauchst, ganz egal, ob sie reich oder arm, groß oder klein, weiß oder schwarz sind. Vergiss das nicht! Jeder von uns ist ein Fremder oder ein Ausländer für jemand anderen, denn Menschen aus einer anderen Kultur oder Gegend empfinden uns immer als fremd, als seltsam.

– Hör mal Papa, ich habe immer noch nicht verstanden, warum es so gut wie überall Fremden- und Ausländerfeindlichkeit gibt.

– In den sehr alten sogenannten primitiven Gesellschaften verhielten sich die Menschen

---

3 Normandie: Region in Nordfrankreich
4 Senegal: Land in Afrika

fast wie Tiere. Eine Katze steckt zuerst ihr Gelände ab. Wenn eine andere Katze oder ein anderes Tier ihr die Nahrung stehlen will oder ihren Jungen zu nahe kommt, verteidigt die Katze ihr Territorium und ihre Jungen mit allen Kräften. Der Mensch ist auch so. Er will sein Haus, seinen Boden, seine Besitztümer haben und kämpft, um sie zu behalten.
Das ist normal; auch jedes Tier kämpft und verteidigt sich, wenn es angegriffen wird. Der Fremdenfeind aber glaubt, dass jeder Fremde ihm seinen Besitz wegnehmen will. Er denkt gar nicht darüber nach, ob das stimmt, sondern ist einfach immer argwöhnisch gegenüber Fremden. Dieser Argwohn geht so weit, dass manche Leute einen Fremden angreifen, ohne dass der ihnen irgendetwas getan hat oder etwas wegnehmen wollte. [...]
– Dann ist ja jedes wilde Tier besser als der zivilisierte und erzogene Mensch!
– Nun ja, das Tier hat keine vorgefassten Gefühle oder Meinungen über andere Tiere. Der Mensch hat im Gegensatz dazu Vorurteile. Er urteilt über andere, ohne sie zu kennen. Er glaubt, im Voraus wissen zu können, wie ein Fremder sich verhalten wird und wie viel er wert ist. Oft täuscht er sich und glaubt falsche

Dinge über den anderen, die ihm dann Angst einjagen. Um diese Angst zu bekämpfen, führt der Mensch manchmal Krieg. Denn weißt du, wenn ich sage, dass der Rassist oder der Ausländerfeind Angst vor den Fremden hat, heißt das noch lange nicht, dass er vor Angst zittert. Im Gegenteil, er fühlt sich von dem Fremden bedroht und greift ihn an. Die Angst macht ihn aggressiv.

Arbeitsanregungen

- Was bedeutet das Wort „fremd“ ursprünglich?
- Welches andere Wort drückt etwas Ähnliches aus?
- Was ist der Hauptgrund für Fremdenfeindlichkeit?
- Erkläre, was „Vorurteil“ bedeutet.
- Was ist ein „Rassist“?
- Erläutere den folgenden Satz: „Jeder ist ein Fremder, fast überall.“
- Wende das, was du hier über Fremde und Fremdenfeindlichkeit gelesen hast, auf die Situation des He’ran beim Volk der Dinah an. Welche Gemeinsamkeiten erkennst du?

MARTIN AUER

Angst

Warum
sieht mich der da so misstrauisch an?
Hat er Angst vor mir?
Warum
hat der da wohl Angst vor mir?
Glaubt er, ich will ihm was tun?
Warum
glaubt der da, ich will ihm was tun? Ich tu doch keinem was!
Ich tu keinem was, außer, es will einer mir was tun!
Wenn der also glaubt, ich will ihm was tun,
dann nur, weil er weiß: Ich tu jedem was, der mir was tut.
Also: will er mir was tun!
Da geh ich wohl besser gleich hin und hau ihm eins in die Fresse,
damit er mir nichts tun kann.
Autsch!
Seine Faust war schneller als meine.
Jetzt liege ich da.
Aber ich hab's ja gleich gewusst,
dass der mir was tun will!

ARBEITSANREGUNGEN

- Dieser Text enthält Gedanken eines Mannes oder einer Frau, eines Jungen oder eines Mädchens. Stell dir die Situation vor und beschreibe sie: Wie kommt er (oder sie) wohl auf solche Gedanken?
- Zwischen den Zeilen 20 und 21 ist ein sogenannter „Zeitsprung“. Das heißt: Es hat sich etwas ereignet, das im Text nicht erwähnt wird. Was ist das wohl?
- Hat dieser Text etwas mit „Vorurteilen“ zu tun? Begründe deine Meinung.
- „Ich tu doch keinem was.“ (Zeile 10-11) Wie beurteilst du diesen Satz?
- Am Schluss fühlt sich der Sprecher (oder die Sprecherin) in seinem bzw. ihrem Verdacht bestätigt. Stimmst du dieser Schlussfolgerung zu? Begründe.
- Stelle eine Verbindung zwischen diesem Text und dem Buch her: Könnte sich so etwas auch beim Volk der Dinah ereignet haben. Und wer könnte solche Gedanken haben?

TAHAR BEN JELLOUN

Ist die Angst vor dem Fremden die Ursache für den Krieg?

In dem folgenden Ausschnitt aus dem Buch „Papa, was ist ein Fremder?“ spricht der marokkanische Schriftsteller Tahar Ben Jelloun mit seiner kleinen Tochter über die Frage, warum Menschen Kriege führen.

– Ist die Angst vor dem Fremden die Ursache für den Krieg?
– Manchmal ja. Meist geht es im Krieg jedoch darum, den anderen ihren Besitz wegzunehmen. Einige benutzen den Rassismus oder die Religion, um die Menschen dazu zu bringen, einander zu hassen und zu bekämpfen. Dabei kennen sich diese gar nicht. Um das zu erreichen, schüren diese Kriegstreiber die Angst vor dem Fremden, die Angst davor, dass er uns unser Haus, unsere Arbeit, unsere Frauen wegnimmt. Und die Unwissenheit der Menschen nährt diese Angst noch: ich weiß nicht, wer dieser Fremde ist, und er weiß auch nicht, wer ich bin. Nimm zum Beispiel unsere Nachbarn hier in Paris. Sie haben uns lange misstraut, bis wir sie

eines Abends zum Kuskusessen[5] eingeladen haben. Da haben sie gemerkt, dass wir leben wie sie. Seitdem sind wir in ihren Augen nicht mehr gefährlich, auch wenn wir aus einem anderen Land, aus Marokko, stammen. Durch unsere Einladung haben wir ihr Misstrauen verjagt. Wir haben miteinander geredet und uns etwas besser kennengelernt. Wir haben zusammen gelacht. Das heißt, wir fühlten uns wohl miteinander, während wir uns vorher im Treppenhaus kaum gegrüßt haben. [...]

– Haben die Menschen einander schon immer misstraut und bekämpft, anstatt sich besser kennenzulernen?

– Ja. Bereits lange vor unserer Zeitrechnung, zu einer Zeit, die ein Schriftsteller einmal die Ära[6] des „Kriegs um das Feuer" nannte, kämpften die Menschen mit primitiven Waffen, mit einfachen Knüppeln, um ein Territorium, eine Hütte, einen Partner oder um Nahrung. Aus Angst vor einem Überfall verstärkten sie im Laufe der Zeit ihre Grenzlinien und schärften ihre Waffen. Die Menschen sind besessen von ihrer Sicherheit,

---

5 Kuskus: nordafrikanisches Gericht aus Weizen-, Hirse- oder Gerstenmehl, Hammelfleisch und verschiedenen Gemüsen.

6 Ära: Zeitalter

und das bringt sie manchmal dazu, ihre fremden Nachbarn zu fürchten.

– Und diese Vorurteile lösen dann einen Krieg aus?

– Kriege können auch andere Ursachen haben, oft geht es dabei um Geld und Macht. Doch darüber hinaus werden manche Kriege im Namen der angeblichen Überlegenheit einer Gruppe über eine andere geführt. Man kann diese abwertende Haltung anderen gegenüber durch Bildung und Erziehung überwinden. Doch das kann man nur schaffen, wenn man beschließt, keine Angst mehr vor seinen Nachbarn, den Fremden, zu haben.

– Was können wir denn tun?

– Lernen. Uns bilden. Nachdenken. Zu verstehen versuchen, auf alles Menschliche neugierig sein, unser natürliches Misstrauen überwinden, unsere Vorurteile hinterfragen ...

– Was meinst du damit?

– Ich meine, wir müssen versuchen, die anderen kennenzulernen, bevor wir sie ablehnen und nichts mehr mit ihnen zu tun haben wollen, bevor wir eine Grenze zwischen uns und den anderen errichten, bevor wir sie ausgrenzen, ja, uns gar vor ihnen ekeln.

ARBEITSANREGUNGEN

- Welche Gründe, warum Menschen Kriege führen, werden hier genannt?
- Was tut ein „Kriegstreiber“?
- Was hat den Nachbarn des Schriftstellers geholfen, ihr Misstrauen zu überwinden?
- Was kann man tun, um Kriege zu verhindern?
- Wende das, was du hier über die Ursachen der Kriege gelesen hast, auf die Völker der Dinah und He’ran an. Welche Gemeinsamkeiten erkennst du?
- Es gibt auch „Kriege im Kleinen“, z.B. in der Familie, in der Schule, unter Kindern und Jugendlichen, auf der Straße oder im Berufsleben. Schreibe einige Beispiele auf und äußere dich auch dazu, wie solche „Kriege“ entstehen und was man dagegen tun kann.

MARTIN AUER

Die zwei Kämpfer

Zwei kämpften einen schweren Kampf miteinander. Der eine war groß, der andere war dick, der eine war schwer, der andere zäh, der eine war stark, der andere war wild. Der Starke haute dem Wilden die Nase ein. Da spürte er: Der hat ja eine Nase wie ich. Der Wilde zerbrach dem Starken die Rippen. Da spürte er: Diese Rippen knacken ja wie die meinen. Der Starke bohrte dem Wilden ein Auge aus. Da spürte er: Das Auge ist ja weich und empfindlich wie meines. Der Wilde trat den Starken in den Bauch. Da spürte er: Dieser Bauch gibt ja nach wie der meine. Der Starke drückte dem Wilden den Hals zu. Da spürte er: Der braucht Luft zum Atmen wie ich. Der Wilde presste dem Starken die Faust in die Herzgrube. Da merkte er: Dem schlägt ja ein Herz wie das meine. Als die beiden hinfielen und nicht mehr hochkommen konnten, da dachten sie beide: Der ist ja wie ich, der da. Aber das nützte ihnen nicht mehr viel.

Arbeitsanregungen

- Beschreibe die beiden Kämpfer: Der eine ist ... / Der andere ist ...
- Was könnte der Grund für ihren Kampf gewesen sein? Notiere deine Vermutungen.
- Schildere in Stichworten noch einmal den Verlauf des Kampfes.
- Während sie kämpfen, merken die Kämpfer, was sie alles gemeinsam haben. Schreibe die Gemeinsamkeiten auf: Jeder hat ... / Bei jedem ...
- Fasse mit einem Wort zusammen, warum der eine so ist wie der andere: Sie sind beide ...?...
- Stell dir vor, du siehst die beiden Kämpfer und hast Gelegenheit, ihnen noch etwas zuzurufen, bevor sie anfangen zu kämpfen. Was würdest du ihnen sagen?
- Schreibe eine ähnliche Geschichte, die in deiner Klasse passiert sein könnte.

Aufgabenlösungen

S. 11: Larijon – 200 – 13 – Sina – 13 – Das Auftauchen des Fremden, das geheimnisvolle Verhalten von Sina, das Alter von Ellen (13 Jahre – wie die Leuchtzeit des Unheilsterns).
S. 16: He'ran – blass – spitz – lang – schneeweiß – Dolch – glatt – Larijon – „Ein Jenseitiger!" – Ihla – Die drei Götter.
S. 34: Der Fluch könnte sein, dass die beiden Völker keinen Frieden finden. Sina wollte wohl sagen: „Wenn wir wieder zweihundert Jahre warten müssen (bis der Unheilstern sich wieder zeigt), dann geht der Krieg weiter."
S. 41: Igan. Sina und Ellen haben wohl Angst um Eric. Sie ärgern sich darüber, wie er behandelt wird.
S. 45: Ellen ist neugierig. Sie will wissen, was Eric vorhat.
S. 51: Auf der Tafel ist nur *ein* Stern zu sehen.
S. 54: ... die verlassene Stadt erreichen, bevor der Unheilstern verlischt.
S. 59: Hasen, Rehe, Hirsche, Wildschweine, Fasanen, Wildenten, ... / Vegetarier.
S. 85: Ellen kann mit dem Larijon Gedanken lesen. Eric kann mit seinen Gedanken Gegenstände bewegen.

S. 90: Ellen kann plötzlich Erics Gedanken lesen. Eric kann Ellens Gedanken lesen. Ellens und Erics Haare werden grau.

S. 95: Der Unheilstern über dem Tal ist nicht zu sehen.

S. 105: Sie wollten beide ihre eigene Gabe opfern.

S. 112: 1. DINAH, 2. RABE, 3. SINA, 4. HAGAL, 5. GHAREM, 6. LARIJON, 7. UNRECHT, 8. UNHEILSTERN, 9. ULVAR, 10. NERIJON, 11. ELLEN, 12. BRÜCKEN.

Textquellen

S. 114: Tahar Ben Jelloun: Papa, was ist ein Fremder? Gespräch mit meiner Tochter. Berlin 1999 (Rowohlt), S. 17-19, 21-22.

S. 118: Martin Auer: Angst. Aus: Ders.: Der seltsame Krieg. Geschichten für den Frieden. Weinheim und Basel 2000 (Beltz), Gulliver Taschenbuch 436, S. 20.

S. 120: Tahar Ben Jelloun: Papa, was ist ein Fremder? Gespräch mit meiner Tochter. Berlin 1999 (Rowohlt), S. 22-23, 24-27.

S. 124: Martin Auer: Die zwei Kämpfer. Aus: Ders.: Der seltsame Krieg. Geschichten für den Frieden. Weinheim und Basel 2000 (Beltz), Gulliver Taschenbuch 436, S. 33.